우리 아이는 왜
학원을 다녀도
성적이 오르지
않을까?

우리 아이는 왜 학원을 다녀도 성적이 오르지 않을까?

유경준 지음

Book
magazine&publishing

학원, 이제 똑똑하게
'이용'하시기 바랍니다

제가 강사 생활을 했던 12년 동안 사교육의 열기는 끊임없이 강해져만 왔습니다. 브레이크 없는 자동차처럼 매년 더 어린 아이들이, 더 많이, 더 심하게 사교육을 받게 되는 것이 우리 교육의 일관된 흐름이었습니다.

이상한 것은 사교육의 강도가 이토록 심해지는 것과 반대로 우리 아이들의 학업성취도는 가파르게 곤두박질치고 있다는 사실입니다. 항상 1, 2위를 다투던 국제 학업성취도 평가 순위는 5~10위권으로 밀려났고, 청소년 기초학력 미달자의 비율은 4년 새 2배 가까이 늘었습니다. 저는 이것이 사교육을 '이용'하는 게 아니라 사교육에 '의존'해 버려서 발생한 문제라고 생각합니다.

사교육의 열풍 속에서 우리 아이만 뒤처지는 게 아닐까, 불안한 마음이 고개를 들 때 이 책을 한번 펼쳐보세요. 사교육을 있는 그대로 바라볼 수 있게 도와줄 것입니다. 학원 마케팅에 속절없이 당하면서, 안타깝고 급한 마음에 아이와 갈등만 키우고 있는 부모가 나는 아닌지, 돌아볼 수 있을 것입니다.

있는 그대로만 바라보아도 할 수 있는 것과 없는 것, 도움이 되는 것과 되지 않는 것을 흐림 없는 눈으로 구별할 수 있습니다. 학원은 피해야 할 무서운 게 아니고, 우리를 위협하고 협박하는 적도 아닙니다. 그저 아이들의 공부에 도움을 줄 수 있는 방법 가운데 하나입니다.

유경준 선생의 『우리 아이는 왜 학원을 다녀도 성적이 오르지 않을까?』는 학원을 학원으로 똑바로 볼 수 있게 해주는 고마운 책입니다. 이 책은 학원에 의존만 하는 게 아니라 학원을 똑똑하게 이용하는 첫걸음이 되어줄 것입니다. 이 책을 통해 아이와 엄마가 함께 웃을 수 있기를 바랍니다.

최승필(독서교육 전문가, 『공부머리 독서법』 저자)

엄마들의 고민을
덜어드리겠습니다

요즘 서점에 가본 적 있으신가요? 유독 초, 중
등 자녀를 둔 엄마를 위한 책이 많습니다. 대부분 주제는 비슷해
요. '학원 한번 보내지 않고 명문대를 보낸 비법'을 이야기합니다.
그 책에서 말하는 자녀는 엄마와 사이도 너무 좋고 매우 효율적인
학습법을 통해 집에서만 공부를 하는데도 성적이 좋습니다.

그런데 어딘지 모르게 괴리감이 드는 부분도 있지 않나요? 우
리 주변에선 쉽게 일어나지 않는 일인데 책에서는 너무 쉽게 얘기
합니다. 현실에서는 오히려 친구를 만나면 "아이, 학원 어디 보내?
우리 애는 학원을 다니는데도 성적이 또 떨어졌어."라는 대화를
더 많이 하는데 말이죠.

저는 교육회사에서 근무합니다. 매년 새롭게 인터넷 강의 사
이트에서 10만 명 정도의 학생과 학부모님들을 만납니다. 이제 근
무 10년 차인데요. 산술적인 계산으로 하면 100만 명을 만난 셈입
니다. 10년이란 세월이 흘렀어도 가장 많이 받는 질문은 예나 지금

이나 변함이 없습니다.

"왜 우리 아이는 학원을 다녀도 성적이 오르지 않을까요?"

이 질문에 대해서 부모님들이 이미 대답을 가지고 있습니다. 그것은 바로 '아이가 열심히 공부하지 않아서'입니다. 대부분 그렇게 생각하고 계신 거죠. 그러다 보니 문제가 풀리지 않고 엄마들은 계속 같은 질문을 합니다. 지금부터 이 질문에 대한 답을 속 시원하게 살펴보려 합니다.

첫 번째, 학원의 현실을 알아야 합니다. 왜 우리는 결국 아이를 학원에 보낼 수밖에 없을까요? 우리는 자발적으로 학원에 간다고 생각하지만 알고 보면 학원이 쳐놓은 덫에 걸려 다니는 경우도 많습니다. 우리도 모르는 사이에 우리를 유혹하는 학원의 본 모습에 대해 알아봅니다.

두 번째, 성적이 오르지 않는 진짜 이유를 알아야 합니다. 학원이 자동으로 우리 아이의 성적을 올려주지 않습니다. 학원을 다녀도 성적이 제자리에서 계속 맴도는 학생이 많습니다. 대체 같은 수업을 받는데 내 아이와 아이 친구가 받아 오는 성적표에 차이가 나는 이유는 무엇일까요? 자녀의 입장과 엄마의 입장으로 나눠서 살펴보겠습니다.

세 번째, 그래서 어떻게 하면 성적을 올릴 수 있는지, 그 방법에 대해 알아봅니다. 자녀의 성적이 떨어지면 대부분 자녀에게서 문제를 찾고 공부하는 방법이 잘못됐다고 생각하지만 실제로 이유가 다른 곳에 있는 경우가 많습니다. 무엇이 필요하고 어떻게 해야 할지, 단계별로 파악할 수 있도록 살펴보겠습니다.

아이만 사춘기가 있다고 생각하지만 엄마 역시 그에 못지않은 마음 고생이 있습니다. 아이에게 사춘기가 오면 엄마가 위로해 주지만 엄마의 사춘기는 그 누구도 돌봐주지 않습니다. 엄마라는 역할이 참 힘들고 외로운 일입니다. 이런 엄마의 마음을 아는지, 모르는지, 아이는 학원을 다녀도 성적이 오르지 않고 집 안 경제에

서 사교육비의 비중은 점점 높아져만 갑니다. 자녀 교육 때문에 걱
정을 안고 있는 엄마들의 고민이 조금이나마 해소될 수 있는 기회
가 되었으면 하는 마음으로 글을 썼습니다.

차 례

1
학원, 안 보낼 수
있을까?

추천사
학원, 이제 똑똑하게
'이용'하시기 바랍니다 -최승필 4

프롤로그
엄마들의 고민을
덜어드리겠습니다 6

#1   사교육 힘이 더 센 대한민국
달밤에 체조하는 아이들 17
학원 안 다니는 게 신기한 일 21

#2   학원 마케팅의 공격
불안하지 않으세요? 28
요즘 남들은 33
못하면 안 되지 38
옆집 아이 때문에 44
　　　요점정리　학원에 왜 보내려고 할까요?

#3   잠깐만, 이건 꼭 생각해보고!
기둥까지 뽑아서 가르치지 말 것 54
맹모삼천지교, 맞을까요? 58
성적보다 중요한 것 63

#4   자, 그럼 나는 이렇게 하겠어!
선택의 기로에서 69
　　　공부팁　효율적인 공부를 돕는 법

2
성적이 오르지 않는
진짜 이유

#1 제대로 하고 있나요?

공부, 왜 해요? 85

천성보다 무서운 것, 습관 91

요점정리 공부 습관 만들기

수포는 안 돼요 99

국어를 잘하면 다 잘하게 돼요 104

#2 엄마의 착각

간섭이라니? 관심이라고! 114

애가 무슨 스트레스? 122

요점정리 아이의 스트레스 줄여주는 법

힘들다고 그만둘 순 없어? 133

넘어지면 안 된다? 139

내 아이는 내가 잘 알아요? 145

요점정리 내 아이는 어떤 성향?

❤셀프 테스트 학원 다니면 성적이 오를까? 156

3
학원 다니며
성적 올리는 비법

#1 학원 안 다니면 어떻게 될까?

상담 한번 받아볼까? 163

#2 엄마의 역할

엄마는 언제나 네 편이야 169

귀 기울여 들어주기 174

우리 아이가 가장 좋아하는 것은? 181

꿈을 꾸도록 기다려주기 187

#3 6력(力) 만들기

스스로 대답하는 힘, 사고력 196

공부의 기초 자산, 집중력 201

실수 방지, 정확력 210

기억의 골든 타임, 복습력 215

선생님이 가르쳐준 대로, 수업력 218

어떻게 갈지, 계획력 225

요점정리 공부를 이끌어가는 힘, 6력 키우기

엄마들의 궁금증

"이럴 땐
어떻게 하죠?"

**엄마의
질문**

1 "새 학년에는요?" 237

2 "시험 기간에는요?" 241

3 "방학에는요?" 246

4 "인강 수업 어때요?" 253

✔ 셀프 테스트   우리 아이는 제대로 공부를 하고 있을까? 264

**엄마도
모르는
아이 마음**

1 엄마 피해서 학원 가는 거예요 50

2 엄마는 제 말을 믿지 않아요 76

3 엄마 간섭이 너무 심해요 110

4 잘해도 걱정이죠 152

5 이제 엄마 얼굴 보기도 무서워요 192

6 저도 사생활이 있다고요 232

7 한국은 오랜만이라 260

에필로그   선택권은 우리에게 있습니다 268

1

학원, 안 보낼 수 있을까?

"

지금 학원에
안 다니는 아이가
도대체 있기나 한가요?

"

달밤에 체조하는 아이들

아이가 한없이 예쁜 시기가 있습니다. 그런 모습을 보며 엄마도 마냥 행복한 시간을 보낼 수 있지요. 엄마가 진심으로 '우리 아이에게 공부보다는 건강이 우선이지.'라는 생각을 갖는 시기이기도 합니다. 이 행복은 아이의 성적을 걱정하지 않아도 되는 순간까지는 이어집니다. 시간이 흘러 아이가 유치원에 다닐 때쯤이 되면 엄마의 고민도 시작됩니다.

'유치원이 끝나고 하루 종일 집에만 있어도 될까?'

주변에 있는 아이 친구들은 유치원 방과 후 무얼 하며 지내는지 궁금해져서 물어보기 시작합니다. 학원을 다니는 아이도 있고 집으로 직접 학습지 선생님이 방문하는 친구도 있다고 하네요. 우리 아이만 사교육을 받고 있지 않는 것 같은 불안감이 싹 트기 시작합니다. 궁금한 것도 생깁니다. 아이 친구 엄마들에게 묻습니다.

"학원을 다니면 애들한테 도움이 되는 것 같아?"

솔직히 어떤 엄마도 사교육을 시작했다고 해서 아이의 실력이 향상된다는 확신을 하기는 힘듭니다. 대신 사교육을 시작하면 엄마의 마음속 불안감이 살짝 줄어드는 것 같긴 합니다.

대한민국의 교육 정책은 엄마를 더욱 혼란 속에 빠트립니다.

초등학교 1, 2학년의 상황을 한번 살펴볼까요? 2014년 3월에 제정된 '공교육 정상화 촉진 및 선행교육 규제에 관한 특별법(일명 공교육 정상화법 또는 선행학습 금지법)'에 따라 학교에서 선행교육을 하거나 선행학습을 유발하는 행위를 할 수 없었습니다. 이에 따라 2018년 2월 28일까지만 학교에서 영어를 배울 수 있었습니다. 그 후에는 학교의 방과 후 수업에서 영어를 가르쳐서는 안 되는 거였지요.

그러자 어떤 현상이 벌어졌을까요? 초등학교 1, 2학년 학생의 학부모가 과연 학교에서 영어 정규 교육을 받는 순간까지 선행학습을 시키지 않고 기다리고 있을까요? 학원에서 가장 좋아하는 나이대의 학생들이 학교 바깥으로 나왔는데 가만둘 리 없습니다. 다행히 2019년 3월, 국회에서 공교육정상화법이 개정된 덕에 초등학교 1·2학년도 방과 후 학교에서 영어를 다시 배울 수 있게 되었지만 그 전까지 방과 후에는 자연스럽게 영어 공부를 위해 학원으로 학생들이 발걸음을 옮기는 대란이 벌어졌었습니다.

체육도 사교육

'사교육 1번지' 대치동 학생들은 어떻게 공부하고 있을까요? 이곳의 초등학생들에게서는 다른 동네의 동갑 친구와는 다른 점이 보입니다. 아이들이 운동을 열심히 하는데 운동을 하는 시각이 굉장히 늦은 밤입니다. 무슨 일일까요? 체육학원은 '학원의 설립·

운영 및 과외교습에 관한 법률(학원법)'에 의거한 교습시간 규제를 받지 않습니다. 그래서 법의 틈 사이를 교묘히 노려 영어와 수학 학원을 마친 밤 10시에 '체육 사교육'은 시작됩니다. 서울시교육청이 학원·교습소의 교습시간을 오후 10시까지로 제한했지만 예체능은 이 또한 피해갈 수 있는 것이죠. 말 그대로 '달밤에 체조하는 현상'을 만날 수 있습니다. 하루 종일 학교와 학원에서 책과 씨름하며 육체적으로 힘든 와중에도 체육 점수를 잘 받기 위해 지친 몸을 이끌고 밤이 되면 돈을 내고 운동을 배우고 있습니다. 정부에서 공교육 강화를 외치며 내세운 정책에 이런 허점이 있을 줄은 생각하지 못한 모양입니다.

예체능 사교육에 대해 조금 더 알아보겠습니다. 교육부와 통계청이 매년 실시하는 '초중고 사교육비 조사 결과'를 한번 살펴보면 2018년에 초등학생 1인당 월 평균 체육 사교육비는 4.9만원으로 2012년, 2.4만원 대비 6년 사이에 2배 가량 늘었습니다. 언뜻 보면 큰 금액은 아닙니다. 이 정도는 지출할 수 있다고 보이기도 합니다. 하지만 대한민국 전체를 놓고 살펴보면 이야기가 달라집니다. 총 1조가 넘는 금액이 초등학생들의 체육 사교육비에 투자되고 있는데요. 이 1조의 금액이 전국에 있는 모든 초등학생에게 골고루 배분이 될까요? 아닙니다. 특정 지역에 몰려 있습니다. 그리고 그 특정 지역의 학생들은 이제 달리기도 돈을 주고 배웁니다. 꿈이 농구선수는 아니지만 링에 공을 넣기 위해 비용을 지출합니다. '학원을 다닌다 = 영어와 수학을 배운다'라고 생각되던 시절도 있었지만 이제는 체육도 비용을 지불하고 배웁니다. 한때는 공부가 신분을 상승시킬 수 있는 가장 효과적인 지름길이라고 말했던 시절도 있었지만 성공하고 싶다면 '돈 많은 부모를 만나야 한다.'는 이야기를 부정할 수 없는 요즘입니다.

초등학교 5, 6학년의 삶은 어떨까요? 엄마가 학교를 다니던 시절에는 우리 동네 중학교나 옆 동네 중학교나 같은 중학교였습니다. 물론 '8학군에 있는 학교가 서울대를 많이 간다.' 등의 정설은 있었지만 실제로 중학교의 서열을 체감할 수는 없었습니다. 하지만 이제는 조금 변했습니다. '국제중학교'라는, 딱 봐도 일반 중학교와 달라 보이는 곳이 존재합니다. 일명 '귀족학교'라고도 불리죠. 중학교에도 서열이 존재한다는 사실을 알게 될 때면 '내 아이는 그냥 평범한 중학교를 가도 문제가 없을까?'라는 고민과 불안감이 조금씩 마음속에 자라나기 시작합니다.

학원 안 다니는 게
신기한 일

자녀가 중학교에 입학을 하면 이 불안감은 훨씬 고조됩니다. 이 불안함을 없앨 수 있는 방법을 찾기 시작하죠. 무엇이 도움을 줄 수 있을까요? '사교육'을 더 이상 선택이 아닌 필수로 받아들이게 됩니다. 아이가 학원을 다니기 시작하면 엄마도 모르게 약간의 든든함이 생깁니다.

그런데 말입니다. 이렇게 든든한 학원이 아이의 성적을 무조건 올려줄까요? 어쩌면 우리는 사교육을 일방적으로 짝사랑하고 있는지도 모릅니다. 문제는 이 짝사랑이 결말이 나지 않으면 그칠 줄도 알아야 하는데 오히려 더 강렬해진다는 점입니다. 학원을 다녀도 아이의 성적이 오르지 않으면 엄마는 생각합니다.

'역시나 이럴 줄 알았어. 학원을 다녀도 성적이 오르지 않네. 벌써 아이가 중1인데 초등학교 때와 같은 학원을 보내고 있다니. 학원을 한 군데 더 보내야겠어.'

이제부터라도 성적이 오르면 좋은데 학원을 한 군데 더 다니기 시작했는데도 아이의 성적은 오르지 않습니다. 그러면 아이는 아이대로 의욕이 떨어지고 엄마의 실망감은 커져만 갑니다. 이제부터는 본격적인 고민이 시작됩니다.

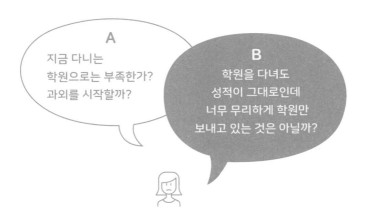

하지만 우리는 알고 있습니다. 대부분 A가 이긴다는 사실을 말이죠. 이미 답은 정해져 있는 것을 알면서도 그 어떤 부모도 자녀에게 사교육 시키는 것을 대놓고 선호하지 않습니다. 학원을 다니지 않고 성적을 올리기 위해 노력은 해보지만 여기는 대한민국입니다. 사교육이 공교육보다 갑의 위치에 있는 곳입니다.

너무 복잡한 대학입시

중학교에 진학하면 학원은 더 무궁무진한 세상을 보여줍니다. 우선 대학입학전형이 너무나 많습니다. 학생과 엄마가 일일이 정보를 다 찾기가 불가능합니다. 심지어 학교 선생님들도 명확하게 인지를 못 하고 있을 정도입니다. 수시와 정시로 구분되는 정도는 알지만 그 안을 살펴보면 수시는 다시 학생부교과전형, 학생

부종합전형, 논술위주전형, 특기자전형으로 나뉘며 정시는 수능 위주전형과 특기자전형으로 나뉩니다.

여기서 전형이 끝이 나면 좋으련만 이제부터가 진짜예요. 이들의 전형 자체가 교과 성적, 비교과 활동 교과세부능력사항 등이 필요하며 단계도 서류전형, 면접전형 등 파고 들어가기 시작하면 끝이 없습니다. 그래서 이제는 이 많은 전형 중 자녀에게 가장 알맞은 전형을 찾기 위해 엄마만으로도 부족하고 아빠도 같이 동원되어야 합니다.

한때는 자녀의 교육에 '아빠의 무관심'이 필요한 시절도 있었습니다. 하지만 이제는 엄마가 학원으로 상담을 받으러 오면 아빠가 바쁜지 여부도 물어보는 시대로 바뀌었습니다. 아빠까지 투입이 되어야 진정한 사교육이 완성될 수 있기 때문이죠. 학원은 이 부분을 교묘하게 파고듭니다. 학원 없이는 해결할 수 없다면서 계속 위협을 하죠. 사교육에 의존하지 않고 스스로 알아서 하기엔 참 힘든 현실입니다.

대한민국에서 학교를 다니고 있는 자녀를 둔 학부모라면 학원은 참 멀리하기 어려운 존재입니다. 오히려 점점 의존하게 됩니다. 다니지 않으면 불안하고 다니기 시작하면 헤어나오기 쉽지 않습니다.

'지금도 학원을 다니면서 이 정도의 성적을 유지하고 있는데 지금 이 상황에서 학원을 관둔다면?' 이라는 불안감을 떨쳐내기는 어려운 일입니다. 점점 더 빨리 단기간에 성적을 올려주는 학원을

	초등학교	중학교	고등학교	평균	단위
참여학생 1인당 월평균 사교육비	31.9	44.8	54.9	39.9	만원
사교육 참여율	82.5	69.6	58.5	72.8	%

통계청 '2018 사교육비 조사 결과' 기준

찾게 되면서 자연스럽게 더 많은 돈을 투자하게 됩니다. 오히려 자녀를 학원에 보내지 않는 엄마는 자녀 교육에 관심이 없는 엄마로 취급받는 경향까지 있습니다. 아무리 집에서 자기주도학습으로 아이에게 열공을 시키고 있어도 주변에서는 "학원을 보내면 훨씬 간단할 일을 왜 사서 고생하냐?"고 말합니다.

대한민국의 현실

궁금하기도 합니다. 과연 정부는 진짜로 사교육을 금지시키지 못하는 것일까요? 대한민국의 수많은 학생과 학부모가 사교육으로 인해 힘들어하는 상황을 오랫동안 지켜보고 있음에도 불구하고 왜 사교육 비용의 증가를 막지 못할까요? 아마도 현실적인 제약을 쉽게 무시하지는 못할 것입니다.

대한민국에서 사교육 시장은 이제 하나의 큰 산업군입니다. 사교육은 약 18조 6000억 원(통계청 '2018 사교육비 조사 결과' 기준) 규모의 거대한 시장입니다. 초중고생의 사교육 참여율은 70%를 넘고, 사교육 참여 학생 1인당 월평균 사교육비는 40만 원에 가깝습니다.

대한민국은 대통령을 뽑는 시기가 오면 항상 싸우잖아요. 보수와 진보로 나뉘어 같은 주제를 놓고 서로 상반된 의견을 내놓습니다. 하지만 유일하게 의견이 통일되는 부분이 있습니다. 바로 '사교육 철폐'입니다. 이 부분에서는 어찌 그리 똑같은 목소리를 내는지 궁금합니다. 지금까지 그 누구도 사교육이 필요하다고 주장하는 후보는 만나보지 못한 것 같아요. 사교육 없이 좋은 대학을 갈 수 있다는 이야기는 대선 후보들이 내세우는 단골 공약이 되었죠. 사교육이 불법행위가 아님에도 불구하고 모두들 싫어합니다.

대한민국의 학생이 학원을 다니지 않는 것은 오히려 신기한 일이 되었습니다. 물론 학원이 단점만 있지는 않습니다. 공교육의 보완재 역할도 합니다. 부족하거나 더 배우고 싶은 부분이 있고 경제적인 여유가 된다면 방과 후에 학원에서 공부하는 것 자체가 문제될 부분은 없습니다.

정말 문제는 학원 자체가 아니라 학원을 다니면서도 비용만 낭비하고 성적도 오르지 않는 현실입니다. 사교육에 의존하는 현실이 불안한 것은 누구나 다 똑같이 느끼고 있는 현상입니다. 그렇다고 사교육을 시키지 않는다고 해서 문제가 해결되는 것도 아닙니다. 결국 학원을 다닐 수밖에 없다면 우리가 할 수 있는 최선의 선택은 학원을 다녀서 성적 향상에 도움을 받는 길입니다.

'비싼 과외 = 잘 가르치는 선생님'이란 공식이 우리의 무의식

중에 있습니다. 하지만 비싼 사교육이라고 해서 시작만 하면 성적을 올려주는 마법을 부리진 않습니다. 우리에게 필요한 것은 학교에서 수업이 끝나면 학원에서 예습 및 복습을 하는 평범한 학생들이 학원을 다니면서 성적을 올릴 수 있는 방법입니다. 이제부터 그 방법을 차근차근 알아보겠습니다.

"

어머니,
지금도 빠르지 않아요.
다른 아이들은
벌써 6개월 이상
앞서가고 있는 걸요.

"

불안하지 않으세요? ✎

우리는 왜 학원에 다닐까요? 첫 번째 원인은 우리 마음속의 불안감입니다.

남들은 다 학원을 다니고 있는데 우리 아이만 다니고 있지 않으면 불안합니다. 뒤처지고 있는 것은 아닌지, 뒷바라지를 제대로 해주지 못하는 것은 아닌지, 걱정됩니다. 옆집 철수는 지금 중학교 1학년인데 이미 학원에서 『수학의 정석』을 풀었다고 하네요. 걱정이 됩니다. 벌써 앞서 나가는 아이 친구들을 보며 결국 '선행학습'을 결심하게 됩니다. 그리고 학원의 문을 두드립니다.

사실 우리가 처음부터 선행학습을 좋아하지는 않았습니다. 아이가 어린이집도 잘 다니고 유치원도 아무 문제없이 끝마치고 졸업했습니다. 초등학교도 3학년까지 별 탈 없이 잘 마쳤고요. 4학년 정도가 문제의 시발점이 됩니다. 누가 옆에서 시키지 않았는데도 '예습을 본격적으로 할 필요가 있지 않을까?'라는 고민을 시작하게 됩니다.

말로만 금지된 선행학습

대한민국에서 선행학습은 본래 금지되어 있습니다. 실제로 큰 영향력을 발휘하지는 못하지만 '선행학습 금지법'까지 있습니다. 하지만 이 법은 아주 대놓고 무시당하고 있습니다. 학원 밀집 지역을 걸어다녀 보면 선행학습 금지법이 무시당하는 현장을 쉽게 볼 수 있습니다. 법 망을 교묘히 피해서 길거리에 선행학습 관련 대형 현수막을 걸어놓고 전단지를 살포하는 장면을 쉽게 만날 수 있습니다. 학원의 상담 선생님들은 거의 점쟁이가 따로 없습니다. 아이의 현재 성적을 알아맞히고 앞으로 아이의 미래 모습도 언급을 하며 엄마의 마음을 기가 막히게 파고들어 어떻게든 선행학습을 하게 만듭니다.

그렇다면 정말 선행학습은 도움이 될까요? 선행학습은 어려운 내용을 미리 배우는 것이기 때문에 여러 번 반복해서 배우는 경우가 많습니다. 반복할수록 아이는 이 문제를 내가 풀 수 있다는 생각에 스스로 세뇌당하기 시작합니다. 반복하면 문제를 풀 수 있는 확률은 높아지고 이런 아이의 모습은 엄마에게는 기쁨입니다. '이래서 선행학습을 하는구나'라는 깨달음도 얻게 되죠.

어떻게 보면 선행학습의 최고 장점은 엄마가 느끼는 '안도감' 입니다. 그래서 아이보다 엄마가 더 좋아하게 됩니다. 상위 학년의 공부를 배우고 학원을 다녀온 아이를 보면 학원에서 얼마나 수업을 열심히 들었는가와 상관없이 그 모습만으로도 이상하게 안도감이 찾아옵니다. 아이가 학원에 갔다 와서 스스로 책상 앞에 앉아 숙제라도 하기 시작하면 그 모습 자체가 엄마에게 감동입니다. 선행학습을 하는 목적과 이유는 슬슬 중요해지지 않습니다.

중학교 1학년은 현재 자유학년제를 시행 중입니다. 자유학년제의 취지는 학생들의 흥미에 맞는 프로그램을 운영하여 소질과 잠재력을 발견, 탐색하여 미래를 설계하도록 하는 것입니다. 하지만 이와 상관없이 학교에서 지필고사를 보지 않는 이 시기야말로 선행학습을 통해 실력을 향상시킬 수 있는 최적의 시간이기도 합니다. 학원에서는 선행학습이라는 단어를 직접적으로 잘 언급하지는 않습니다. 대신에 교묘히 심화학습, 특화수업 등의 용어를 사용하면서 '자유학년제야말로 앞서 나갈 수 있는 절호의 기회'라며 엄마들을 유혹합니다.

선행을 왜 할까?

하지만 생각해보면요. 엄마가 초등학교 때 『수학의 정석』을 미리 풀기 시작했으면 어땠을까요? 미적분을 공부했다면 수학 천재가 되었을까요? 자신 있게 대답하기는 힘든 부분입니다.

학원에서 보통 얘기하는 선행학습은 한 단원을 앞서서 공부하는 수준이 아닙니다. 한 학기 먼저, 심지어 1년 이상을 앞선 공부를 의미합니다. 그리고 부작용은 서서히 고개를 듭니다. 물론 아이가 즐기면서 공부를 한다면 문제는 없습니다. 하지만 마지못해 하고 있다면 정신적으로도 큰 스트레스를 받을 수밖에 없습니다.

선행학습의 아이러니함은 대부분 그것을 아이가 아닌 엄마가 선택하는 경우가 많다는 데 있습니다. 아이들은 어렸을 때부터 엄마 손에 이끌려 학원을 다니기 시작하고 정작 본인이 주체가 되어 공부를 한 적은 없습니다.

여행을 갈 때, 패키지 여행으로 가는 것과 자유여행으로 가는 것은 준비가 다르잖아요. 지금 많은 아이가 선행학습이라는 패키지 여행을 하고 있습니다. 스스로 주도적으로 준비하지 않아도 돈만 있으면 가만히 있어도 가이드가 전부 알려주는 여행을 하고 있는 것이죠. 한번 가이드를 놓치기라도 하면 큰 곤경에 빠집니다. 이번 여행에 대해서 별로 공부를 하지 않고 왔기 때문입니다. 때로는 아이가 혼자 자유여행을 할 필요도 있습니다.

학원을 다니면서 선행학습을 하는 것 자체가 문제는 아닙니다. 방학 동안 열심히 공부해서 2학기 때 성적을 올리겠다는 마음은 오히려 칭찬받아 마땅합니다. 결국 선행학습을 하지 않고 있는 아이를 불안한 마음에 학원에 보냈을 때, '얼마나 제대로 효과적인 선행학습을 했느냐'의 여부가 중요하지 않을까요?

같은 선행학습을 해도 결과는 극과 극으로 나뉩니다. 선행학습을 하며 배운 내용을 실제 학교 수업을 들으며 적용시키는 친구가 있는가 하면 '이미 다 학원에서 배운 내용을 학교에서 따분하게 말하고 있군.'이라고 생각하는 친구도 있을 수 있습니다. 아직 받아들일 충분한 준비가 되지 않은 상황에서 어려운 공식을 억지로 구겨 넣는다면 우리의 뇌도 자연스럽게 반항을 하게 됩니다.

단순히 불안한 마음에 학원에서 시작하는 선행학습은 독이 든 성배와 같습니다. 아이가 선행학습을 시작해도 충분히 따라갈 수 있는 실력인지에 대해 객관적으로 한번 아이를 파악해보세요. 혹시 학교 정규수업의 진도를 따라가는 것도 버거워하는데 엄마의 욕심으로 선행학습을 시키려고 하는 것은 아닌가 하고 말이죠.

　　우리가 학원에 갈 수밖에 없는 두 번째 이유는 주변의 분위기 조성입니다. 대표적으로 코딩 교육을 들 수 있습니다.

　　소프트웨어 코딩 교육의 의무화가 시작되었습니다. 소프트웨어 교육과정은 2018년부터 중학교를 시작으로 의무화되었고, 2019년에는 초등학교 5·6학년까지 확대되었습니다. 17년 대선부터 불기 시작한 '4차 산업혁명' 바람과 관련된 코딩교육이 의무화된다는 사실은 긍정적으로 보입니다.

　　하지만 동시에 걱정되는 부분도 있습니다. 대한민국의 모든 중학생이 학교에서 코딩을 배우게 된다면 실력의 격차가 생길 것이고 이 격차를 줄이기 위해서 학원을 찾는 친구들이 생길 수밖에 없을 텐데요. 이와 같은 우려는 이미 현실화가 되었습니다.

　　지금까지 초등학생들의 선행학습 종류는 정해져 있었습니다. 영어와 수학을 필두로 해서 예체능이 사교육 시장을 점령하고 있었습니다. 그런데 이제는 영어 유치원을 넘어서 '코딩 유치원'까지 찾아볼 수 있습니다. 코딩 관련 사교육 시장이 추후 더 성장할 것이라는 예상에는 누구도 이견이 없는 듯 보입니다.

새로운 정책 새로운 학원

코딩 교육처럼 새로운 교육 정책이 등장하면 꼭 벌어지는 현상이 있습니다. 관련 사교육을 시키지 않으면 마치 시대의 흐름에 뒤떨어진 엄마처럼 보이는 것입니다. 그리고 이런 현상을 엄마 스스로 의식할 수밖에 없게 됩니다. 마치 새로운 패션 트렌드가 형성되었는데 '나만 그 옷을 입지 않는 현상'과 비슷해 보입니다. 미리 준비하지 않으면 불안감이 느껴집니다. 코딩 관련 사교육 시장이 바라는 바대로 변해가는 것이죠.

TV를 틀면 마치 주변에서 전부 코딩 교육을 시키는 것 같습니다. 뉴스에서는 초등학교 취학 전 자녀를 코딩 학원에 보낸다는 엄마의 인터뷰가 나옵니다. 초등학생이 코딩을 배우는 것은 결코 쉬운 일은 아닙니다. 그래서 학원에서는 아이들이 즐겨 하는 게임과 즐겨 보는 애니메이션을 코딩과 연관시킨 프로그램으로 아이를 유혹합니다. 한 달에 최소 20만 원 이상의 학원비가 소요되는데 일주일에 한 번만 수업을 진행하는 학원도 많습니다. '코딩 유치원'이라 불리는 곳은 누리과정에 코딩 교육을 추가하여 영어 유치원과 맞먹는 비용을 받기도 합니다. 코딩 교육의 의무화는 초등학교 5학년부터 시작하는데 무려 5~6년 전인 유치원 때부터 관련 교육을 받는 것이죠.

적지 않은 비용의 코딩 사교육을 초등학교 입학 전부터 한다면 과연 효과는 얼마나 있을까요? 우선은 우리의 아이를 '누가' 가르치는지 살펴볼 필요가 있습니다. 일부에서는 코딩 영역의 전문가가 아닌 최근에 우후죽순으로 생긴 코딩 관련 민간 자격증을 취득한 선생님이 가르치는 곳도 많습니다. 그런 자격증은 짧은 시간 집중해서 수업을 들으면 발급받을 수 있는 자격증입니다. 갑작스럽게 나라에서 의무화시킨 코딩 교육을 어떻게든 가르치고 싶은 엄마의 마음과 이를 이용하여 급한 대로 최소한의 자격만 갖춘 교사를 채용하는 학원의 행태가 잘 맞아 떨어져 벌어지는 현상입니다.

요즘 맘 카페들이 참 많습니다. 그곳의 이야기를 들어보면 요즘 사교육 시장이 어떻게 돌아가고 있는지 교육회사를 다니고 있는 저보다 더 잘 알고 계신 것 같습니다. 근래 코딩은 핫이슈 키워드입니다. 이와 관련한 엄마들의 하소연도 들을 수 있는데요.

'이미 학원에서 코딩 교육을 받고 온 학생들이 많다는 전제 하에 학교 수업을 하는 것 같다.'라는 글들이 심심치 않게 보입니다. 정말 순수하게 학교에 입학해서 배울 준비만 하고 있는 엄마들에게는 날벼락 같은 소식이죠. '막상 우리 아이가 학교에 가서 처음으로 코딩을 접하면 이미 다른 아이들은 학원을 통해서 선행학습을 했기 때문에 뒤처질 수밖에 없어.'라는 마음이 생길 수밖에 없는 현실입니다. 주변에서 엄마의 마음을 계속 흔듭니다.

섣부른 판단이 될 수도

그렇다면 학원을 다니면서 코딩 선행학습을 하면 좋은 대학교를 갈 수 있을까요? 아직까지 회자되는 이세돌 기사와 알파고의 바둑 대결을 보면 앞으로 인공지능이 사회에 미치게 될 영향력을 예상할 수 있고 이와 관련된 코딩이 중요해 보이긴 합니다. 하지만 지금 12살의 아이가 성인이 되어 사회에 진출하게 되면 지금 우리가 말하는 4차 산업혁명과는 또 다른 세상이 펼쳐져 있을 가능성이 큽니다. 지금 초등학생이 일을 시작할 때쯤엔 사람이 할 일의 약 70%를 로봇이 대체합니다. 우리 아이들은 힘들게 코딩을 배웠지만 프로그래밍을 하는 일조차 로봇이 대신하고 있을지도 모릅니다. 사실 코딩 교육이 실제로 큰 영향력을 발휘하지 못하고 막상 지금 초등학교 아이가 대학 시험을 볼 때면 회자조차 되지 않을 수도 있습니다.

코딩과 같이 새로운 과목이 신설되면 관련 학원들이 무서울 정도로 우후죽순 생깁니다. 코딩, 물론 중요합니다. 영국과 일본 등 해외에서는 이미 코딩이 정규 과목으로 된 지 오래되었습니다. 우리나라는 이제 일주일에 1시간씩 배우고 있습니다. 코딩 교육이 앞으로 어떻게 전개될지에 대한 판단은 아직 쉽게 할 수 없습니다.

혹시 엄마 세대에서 초등학교 때 배운 도스(DOS) 프로그램 생각나시나요? 학교를 졸업한 후에 실제로 컴퓨터에서 쓴 적이 있던가요? 사실 미래는 아무도 모릅니다. 아이가 원하는 것도 아닌데, 코딩같이 신설된 과목에 대해 아무런 정보도 없이 바로 아이를 학원에 보낼 필요는 없습니다. 우리가 도스를 학원에서 미리 배웠다고 생각해보면 너무 돈이 아깝잖아요. 요즘은 정말 주변의 TMI(Too Much Information)가 너무 많습니다. 주변에 휩쓸리지 말자고요.

못하면
안 되지

학교 수업이 끝난 초등학교 정문. 태권도장의 승합차 한 대가 서 있습니다. 학교 정문을 빠져나온 아이들은 자연스럽게 그 차에 탑승합니다. 그리고 도착한 태권도장. 그런데 태권도를 배우지 않고 줄넘기를 열심히 하고 있습니다. 아, 수행평가를 대비해서 열심히 줄넘기를 하고 있군요. 줄넘기도 사교육이 필요합니다.

우리가 학원을 가게 되는 세 번째 이유, 교육 시장의 흐름에 대한 엄마의 민감한 반응입니다.

초등학교에서는 줄넘기 급수 인증제가 시행됩니다. 이것은 학생들의 운동 재능을 알아보기 위해 실시하는 것이며 실제로 급수를 나눠서 급수증을 부여합니다. 줄넘기는 건강에 참 좋은 운동입니다. 하지만 아무런 부담 없이 즐거운 마음으로 할 때, 건강을 위한 좋은 운동이 되겠죠.

대한민국은 등수를 매기기 참 좋아하는 나라입니다. 특히나 학생들의 성적에 대해서는 말이죠. 취지가 어찌됐든 말이 좋아 급수제지 우열반이 갈립니다. 학생들에게 '너는 줄넘기를 잘하는 애,

못하는 애'라는 인증을 굳이 해줍니다. 팔을 엇갈려서 이중으로 뛰는 정도는 해줘야 1급을 받을 수 있습니다. 줄넘기는 그냥 앞으로 넘으면서 심폐지구력을 기르는 것만으로도 충분할 것 같은데 말입니다.

이렇게 줄넘기마저 등수가 매겨지면 자연스럽게 관련 학원이 생겨나고 엄마들은 관심을 가질 수밖에 없습니다. 특히 체육은 다른 학생들의 눈에도 보입니다. 잘하지 못하면 창피함을 느낄 수도 있는 과목입니다.

정말 초등학생에게 예체능 사교육이 필요할까요? 네, 필요합니다. 대한민국 교육부가 필요할 수밖에 없게끔 만들어놓았습니다. 아이가 시무룩하게 문을 열고 들어옵니다. 엄마가 묻습니다.

엄마 "학교에서 무슨 일 있었니? 시험을 잘못 봤어?"

아이 "아니요. 차라리 시험이면 다시 공부하면 되는데 다른 문제예요."

엄마 "문제가 뭔데? 엄마한테 말해봐."

아이 "줄넘기를 양팔을 엇갈리게 한 다음에 연속으로 두 번을 못 뛰겠어요."

엄마 "어? 그게 무슨 말이야? 줄넘기?"

아이 "네, 이 동작을 통과해야 1급을 받을 수 있는데. 너무 어려워요."

우리나라의 교육은 입시 위주입니다. 명확하죠. 변명의 여지가 없습니다. 정답을 찾아내야만 합니다. 그래서 줄넘기도 정답을 정해놓고 그 정답에 맞는 실력을 보여주라고 이야기합니다. 정답에만 집중하다 보니 정답을 찾아가는 과정은 상대적으로 소홀해질 수밖에 없습니다. 정답은 하나이기에 모든 학생들이 그 하나를 찾기 위해 같은 생각을 하게 됩니다. 아이가 아무리 출중한 줄넘기 실력을 갖고 있더라도 학교에서 제시하는 가이드라인을 따라 하지 않으면 좋은 성적을 받을 수 없는 것처럼 말이죠. 창의성이 높은 학생도 결국엔 고3이 되면 다른 학생들과 별반 차이가 없는 사고력을 보이는 현상이 나타납니다.

대한민국의 교육 방식과 상반되어 항상 언급되는 나라가 있습니다. 핀란드입니다. '핀란드식 교육'은 책으로도 많이 출간되었고 직접 핀란드를 찾아가서 수업을 경험해보는 TV프로그램까지 생겨날 정도로 이상적인 공교육 방식을 보여줍니다.

우리나라는 국영수를 중시합니다. 하지만 핀란드는 예술성과 창의력을 길러주는 예체능을 소홀히 하지 않습니다. 어렸을 때부터 예술을 가까이하면서 자라고 본인만의 개성을 살려 노래와 춤으로 발산할 수 있는 다양한 기회가 주어집니다. 우리나라처럼 평가를 받기 위해 예체능 과목을 배우는 경우는 없습니다.

핀란드가 학생의 자율성을 존중하는 모습은 수업 방식에서 찾아볼 수 있습니다. 우리나라처럼 학교에서 휴대폰을 사용한다고 해서 혼이 나지 않습니다. 오히려 학교 수업시간에 휴대폰을 활용합니다. 국어 시간에 휴대폰을 통해 낱말 게임으로 수업을 시작하기도 합니다. 그리고 토론도 활발합니다.

우리나라 초등학교도 토론 수업이 예전에 비해 활성화되었지만 아직도 점수를 주기 위해 토론 수업을 진행합니다. 토론 수업 역시 평가를 받는 하나의 항목이기 때문에 본인의 생각을 자유롭게 개진하는 것보다 암기를 통해 말을 잘하는 모습을 보여주는 데 학생과 학부모의 관심이 더 많습니다. 핀란드의 학생들이 순수하게 정해진 주제에 따라 본인의 생각을 정리해서 말하는 데 집중하는 것과는 상반된 모습입니다.

어렸을 때부터 답을 찾기 위해 학원에서 똑같은 방식으로 문제를 푸는 우리와 달리 본인만의 방식으로 문제에 접근하여 해결책을 찾는 연습을 해왔기에 가능한 일입니다. 핀란드 학생들은 답을 찾는 과정에만 치중하지 않습니다. 그래서 핀란드 학부모는 사교육에 집착하지 않습니다. 학교는 답을 찾기 위해 가는 곳이 아니라는 생각 때문입니다.

육아정책연구소가 2016년에 조사한 "2세 사교육실태에 기초한 정책시사점" 보고서에 따르면 전국의 2세 아동 부모 537명을 대상으로 조사한 결과, 만 2세 아동 중에 사교육을 시작한 아이의 비율은 10명 중 3명이었습니다. 한글을 빨리 깨우치게 하기 위해 국어의 비중이 가장 높았고 체육, 미술 순입니다.

어린 나이부터 사교육을 받기 시작하면 '왜?'라는 질문을 하지 않게 됩니다. 학원에서 선생님을 통해 배우는 주입식 교육에 익숙해져 있기 때문이죠. 질문은 필요 없습니다. 암기만 존재할 뿐입니다. 사교육이 창의성을 저하시키는 대표적인 이유입니다.

국어 > 체육 > 미술

만 2세 아동의 사교육

공부 잘하는 친구도 사교육을 하기 때문에 우리 아이도 하는 것이고 대한민국에서 사교육을 받지 않으면 성적을 잘 받기 힘들기 때문에 학원에 다닙니다. 대한민국은 빨리 배우고 빨리 대답하는 아이가 똑똑하다고 생각합니다. 그래서 2살인 아기도 사교육을 시작하고 자연스럽게 줄넘기도 빨리 익히기 위해 학원에서 연습을 합니다. 시간을 두고 상상하고 고민하는 자유를 주지 않습니다. 본인이 주체적으로 생각하고 표현하고 전달하는 능력을 키울 수 있는 시간이 없어요.

이러한 대한민국에서 학원을 다니며 사교육을 받는 것은 당연한 일일 수도 있습니다. 그렇다고 해서 우리 아이가 항상 불안한 마음과 함께 줄넘기를 하는 것도 너무 가슴 아픈 현실 아닐까요? 대한민국의 교육 시장은 빠르게 변합니다. 그래서 뒤처지지 않기 위해 줄넘기 학원까지 다니게 됩니다.

하지만 생각해보면 선택권은 우리에게 있습니다. 줄넘기 때문에 학원을 다니는 이유는 '줄넘기 등급'을 높게 받기 위해서잖아요. 그런데 줄넘기 등급이 조금 낮으면 큰 문제가 될까요? 어차피 수능 시험 과목에는 체육이 있지도 않습니다. 우리 아이가 모든 과목, 모든 평가에서 상위권을 차지해야만 할 이유가 없습니다. 너무 조급해할 필요 없습니다. 학원은 엄마의 조급한 마음을 기다리고 있습니다.

옆집 아이 때문에

학원이 우리에게 보내는 강력한 네 번째 유혹은 '비교 심리'입니다.

학원의 늪에 한번 빠지면 헤어나오기는 쉽지 않습니다. 사교육은 처음 시작하기가 힘들지 한번 시작하고 나면 수능 때까지 중간에 그만두는 경우는 흔치 않습니다. 주변과 지속적으로 비교하며 판단력이 흐려지기 때문입니다. 그래서 남들이 하면 우리 아이와 맞지 않는 상황임에도 따라 하는 현상이 나타납니다.

대표적으로 '영어 캠프'를 들 수 있습니다. 우리는 몇 주간 영어를 공부한다고 해서 영어 실력이 향상되지 않는다는 사실을 알고 있습니다. 그럼에도 불구하고 매년 방학이 되면 '영어 캠프'에 대한 고민을 합니다. 예전에는 적지 않은 비용을 지불할 수 있는 소수의 아이들만 참여하는 특별한 프로그램이었으나 이제는 한 학급에서도 제법 많은 아이들이 다녀옵니다. 영어 캠프는 아이들에게 실제로 어떤 도움이 될까요?

영어 캠프 간대?

영어 캠프는 일반 사기업뿐만 아니라 고등학교에서도 주최합니다. 일반 기업체에서 운영하는 것보다 더 믿음직해 보여서 엄마들도 선호합니다. 하지만 고등학교에서 운영하는 캠프라고 해서 무조건적으로 믿어서는 안 됩니다. 본인들의 학교를 홍보하는 도구로 사용하거나 참여 학생에게 작문을 시키고 첨삭만 하는 등의 본래 취지와 맞지 않게 운영되고 있는 경우도 꽤 있기 때문입니다.

해외 영어 캠프에서 가르치는 선생님에 대해서도 살펴볼 필요가 있습니다. 캠프에서 학생들을 가르치는 교사는 누구일까요? 모두 교육대학을 나온 정식 교사 또는 사범대를 졸업한 교육과 관련된 학문을 정식으로 공부한 사람일까요? 아닙니다. 영어 캠프의 경우, 기간이 짧기 때문에 아르바이트 형식으로 고용된 임시교사도 많습니다.

해외 영어 캠프와 관련해서는 비용 이야기를 하지 않을 수 없습니다. 한 번 가려면 최소 약 400~1,000만 원 이상을 지출해야 합니다. 영어 캠프 하면 처음에는 대부분 미국이나 캐나다 등 미주 지역을 생각하지만 그것은 비용 부담이 큰 장소입니다. 그래서 영어 캠프에 아이를 보낼 마음을 굳혔는데 비용이 부담된다면 이제는 눈을 돌려 동남아까지 살펴봅니다. 비용도 저렴하고 한국과도 가까이 있기 때문이죠. 그런데 실제로 필리핀으로 여행을 가보면 어떠한가요? 필리핀 국민들의 영어 실력이 대한민국보다 높을까요? 영어 공부를 하려면 외국으로 나가야 한다는 생각에 사로잡혀 우리나라 선생님보다 실력이 없는 선생님에게 굳이 비싼 비용을 내고 공부를 하고 오는 경우도 발생합니다. 옆집 아이는 미국에서 3주 단기연수를 받고 오는데 내 아이도 필리핀이라도 가서 영어 연수를 받아야 한다는 비교 심리가 현명한 판단을 할 수 있는 능력까지 빼앗는 것은 아닌지 생각해볼 문제입니다. 그리고 이 심리를 학원은 기가 막히게 파고들어서 엄마를 계속 유혹합니다.

영어 캠프는 방학 기간 동안 짧게 진행이 됩니다. 물론 캠프 기간 내에 실력이 상승할 수도 있습니다. 하지만 이 경우는 영어 캠프를 가기 전에 공부를 열심히 한 극소수의 학생들에게 해당합니다. 단순히 영어 캠프 때문에 영어 실력이 일취월장하기는 쉽지 않습니다. 엄마들 중에서도 대학교 때 어학연수를 다녀온 분들 많이 계시잖아요. 한국으로 돌아온 후에 우리의 영어 실력이 얼마나 성장했는지 생각해보면 우리 아이가 캠프 기간 3~4주 동안 얼마나 실력을 향상시킬 수 있을지 가늠해볼 수 있습니다.

우리나라의 엄마들은 다른 과목보다도 유독 영어를 사랑합니다. 대입뿐만 아니라 취업을 할 때에도 영어는 중요한 부분을 차지하기에 영어에 대한 관심은 높기만 합니다. 중학교 진학 전에 학원에 다니며 논술을 공부하진 않아도 중학교 영어 교과서는 미리 보고 입학해야 한다는 생각을 갖고 있습니다.

학원은 엄마의 이런 마음을 우리 아이와 다른 아이를 비교하며 계속 공략합니다. 방학이 다가오면 학원은 영어 캠프 설명회로 인해 분주해집니다. 예전에는 고등학생 학부모를 대상으로 진행했으나 이제는 중학교 엄마들의 참석자 수가 더 많아졌습니다. 그리고 작년에 캠프를 갔던 학생들의 후기를 읽어주고 외국인 친구들과 다정하게 찍은 사진을 보여주며 '이제는 우리 아이의 차례'라며 계속 유혹합니다. 외국어 고등학교는 폐지된다고 하지만 영어 캠프에 대한 엄마의 관심은 더 커져만 갑니다.

장단점을 비교해보고

물론 영어 캠프가 단점만 있는 것은 아닙니다. 청소년 시기에 해외를 직접 느끼는 경험은 소중합니다. 텔레비전과 책에서만 보던 세상을 실제로 마주할 수 있기 때문이죠. 문제는 고액의 비용을 지불하면서 학원에서 말하는 것과 같이 '영어 실력 향상'이 실제로 이루어지냐는 점입니다. 우리는 어쩌면 불가능하다는 사실을 알면서도 속고 있는지 모릅니다.

해외 영어 캠프를 보낼 비용이면 대부분 아이와 함께 온 가족이 해외여행을 갈 수 있습니다. 엄마, 아빠와 함께 아이가 여행 계획을 짜고 그 나라의 전통시장을 찾아가고 유적지도 탐방하면서 문화를 실제로 접해보는 기회를 충분히 가질 수 있습니다. 여행 가는 나라의 기초적인 언어와 문화 등에 대해 미리 한국에서 엄마, 아빠와 함께 공부도 할 수 있습니다. 영어 캠프에는 옆에 한국인 친구들이 많이 있잖아요. 어차피 수업이 끝나면 영어 공부를 더 하기는 쉽지 않습니다. 굳이 비싼 돈을 들여가며 영어 캠프를 갈 필요가 있는지에 대해 생각해볼 문제입니다.

영어를 잘하면 당연히 좋습니다. 그리고 아이와 엄마 모두 영어 캠프가 절실하게 필요하다는 마음이 같다면 고액의 영어 캠프도 의미가 있을 거예요. 하지만 단순히 옆집 아이가 다녀왔다고 해서 경쟁 심리 때문에 영어 캠프에 보내서는 안 됩니다. 고액의 영어 캠프가 아이의 영어 실력 향상에 필요조건 중의 하나일 수는 있어도 절대 충분조건은 아닙니다. 학원에서 쳐놓은 그물에 걸리지 맙시다.

학원에 왜 보내려고 할까요?

1. 불안해서

아무것도 안 시켜도 괜찮은 걸까?

- -

2. 남들 다 하니까

우리 애만 못하면 안 되잖아

- -

3. 추세에 너무 민감한 반응

어느 하나라도 처지면 안 돼

- -

4. 비교하는 마음

우리라고 못 해줄 이유가 없어

엄마 피해서 학원 가는 거예요

선생님 미정 양, 반가워요. 나이가 어떻게 되나요?

미정 이번에 중학교에 입학해요.

선생님 입학 준비는 잘 되어가고 있나요? 걱정되는 건 없어요?

미정 중학교에 입학하려고 보니 친구들이 다 학원을 다니고 있더라고요. 저는 아직 학원을 다녀본 적이 없어요. 사실 다니고 싶은 마음이 없어요. 그런데 엄마는 계속 이제는 학원을 다녀야 하지 않겠냐고 재촉하고요.

선생님 왜 학원을 다니고 싶지 않은데요?

미정 지금 다녀도 어떤 과목을 배우고 어디서부터 무엇을 해야 할지 모르니까요.

선생님 필요성이 느껴지면 다니고 싶다는 이야기인가요? 엄마는 미정 양도 필요성을 느끼고 있다고 하시던데요.

미정 네, 맞아요. 그런데 사실 엄마가 집에서 매일 '핸드폰 그만하고 공부 좀 해!'라고 너무 자주 말해서 엄마한테서 벗어나려고 그럼 학원이나 다니겠다고 말한 거예요.

선생님   결국 학원을 다니려는 이유가 공부보다는 엄마한테서 일정 시간 떨어져 있고 싶은 마음이 더 큰 거네요?

미정   네, 맞아요. 그런데 학원을 다닌다고 해도 지금 제가 공부를 열심히 할 것 같은 생각은 안 들어요.

선생님   학원을 다니기 전부터 공부를 할 자신이 없다면 지금 학원을 다닐 큰 이유가 없어 보이긴 하네요.

미정   네, 그러니까 어째야 할지 모르겠어요.

선생님   엄마를 피하고 싶어서 그 도피처로 학원을 선택한 것이라면, 지금 필요한 건 학원이 아니라 엄마와의 대화가 아닐까 생각해요. 엄마는 미정 양이 공부를 하려고 학원에 가겠다고 하는 줄 아세요. 우선 본인의 마음부터 솔직히 이야기해보는 편이 좋겠어요.

선생님의 조언
진짜 이유를 들어 보세요

아이가 학원을 다니겠다고 하면 기특하게 생각하는 어머니들이 많은데요. 사실 공부가 아닌 다른 이유 때문에 학원을 선택하는 경우도 실제로 많습니다. 특히 집에서 아이에게 "공부 좀 해!"라는 이야기를 많이 하는 엄마일수록 아이가 도피처 중 하나로 학원을 선택하는 경우가 있습니다. 또는 또래 친구들이 모두 학원에 다니고 있으니 '친구를 만나기 위해서 학원이나 다녀볼까?'라고 생각하는 아이도 있습니다. 아이 스스로 올바른 선택을 할 수 있도록 대화를 시도해보세요. 아이가 정말로 원하는 것이 공부나 학원인지, 아니면 다른 이유가 더 큰지 아이의 솔직한 심정을 들어보세요.

"

멀리 한번 내다보세요.
아이를 대학에
보내고 난 뒤에는
어떤 일들이 생길까요?
지금 우리 집에 정말로
필요한 건 무엇일까요?

"

기둥까지 뽑아서
가르치지 말 것

　　아무리 학원이 우리를 유혹하며 흔들어도 절대적으로 지켜야 할 사항이 있습니다. 첫 번째로는 '가정 경제'입니다.

　　사교육 비용이 우리 가정의 경제를 흔들어서는 안 됩니다. 한 가정의 지출 내역에서 지나치게 사교육비의 비중이 크다면 결국 기본적인 가정 생활이 무너지게 됩니다.

　　아이가 사교육을 시작하면 부모는 무언가를 포기해야 하는 선택의 기로에 서는 경우가 많습니다. 기존의 소비 항목에 존재하지 않았던 '학원비'가 발생하며 엄마는 어떤 부분에서 지출을 감소시킬지 계산기를 두드릴 수밖에 없습니다. 사교육비를 줄이면 가장 간단하게 문제를 해결할 수 있지만 엄마에게는 이미 기존에 없었던 '옆집 아이와 비교하는 마음'으로 인해 마음속에 욕심이 자리 잡힌 후입니다. 사교육비를 늘리면 늘렸지 줄이기는 너무나 어려운 일이 되어버렸습니다.

　　대한민국 사교육비 지출 규모는 경제협력개발기구(OECD) 국가 중에 최고입니다. 이는 가계 부채의 원인으로 이어집니다. 돈에 너무 집착하지 말라고 말하는 사람도 많지만 솔직히 돈은 살아가는 데 중요한 요소잖아요. 너무 많을 필요까지야 없지만 부족하면 불편한 것이 사실입니다.

우리 집에 아이가 없던 시절에는 사교육 비용으로 인해 힘들어하는 가정을 보면 남의 일로만 보였던 시절이 있습니다. 심지어 '왜 저렇게 아이의 사교육에 열심인가?' 하는 생각이 들기도 했습니다. 하지만 결혼 후에 시간은 참 빨리 흘러갑니다. 아이는 금방 자랍니다. 더불어 학원에 들어가는 비용도 같이 커져갑니다. 무서울 정도입니다. 사교육이 아니어도 대한민국은 현재 충분히 먹고살기가 힘든데 말이죠.

한번 시작하면 줄이기 어려운 사교육비

사교육을 아예 시작하지 않는 가정은 있어도 지출되는 사교육비의 규모가 줄어드는 가정은 찾기 쉽지 않습니다. 이제 부모의 나이가 40대를 넘어가면 재테크 계획을 세울 때 아이의 사교육은 중요하게 고려해야 할 요소가 됐습니다. 명확한 계획 없이 그냥 되는 대로 주변에서 괜찮은 학원이 오픈했다고 해서 아이를 보내게 되면 월급은 내 통장에 잠깐 머물렀다가 학원으로 떠나게 됩니다.

'자녀 교육 vs 노후 준비,' 어떤 부분이 더 중요할까요? 직설적으로 물어보면 노후 준비를 꼽는 분들이 더 많습니다. 하지만 노후는 지금 눈앞에 보이지 않잖아요. 그보다는 내일 당장 중간고사를 보고 성적표를 가져올 아이의 시험 성적에 더 신경이 쓰입니다. 이런 생각도 듭니다.

'내가 학교 다닐 때, 집안 형편 때문에 마음대로 가고 싶던 학원을 갈 수 없었잖아.'

아이에게만큼은 엄마와 같은 아픔을 느끼게 하고 싶지 않습니다. 어쩔 수 없죠. 아이를 사랑하는 부모의 마음인 것을요.

요즘 공무원을 제외하고는 아무리 안정적인 직장을 다녀도 50대에는 퇴사를 해야 합니다. 우리 인간의 수명은 점점 늘어나는데 말이죠. 결혼하는 시점도 늦어져 50대에도 자녀가 대학을 진학하지 않은 부모들이 너무나 많습니다. 이제 곧 수능이 코앞인데 사교육비가 가장 많이 들어가는 시점에서 아빠는 회사를 그만두고 자녀의 교육비는 늘어나고 진퇴양난에 빠지게 됩니다. 회사를 다니고 연봉이 높다고 해서 해결될 문제도 아닙니다. 잘사는 사람들이 많은 강남 8학군은 연봉대비 그만큼 학원비가 비싸기 때문입니다.

학교 내신성적을 올리는 데 학원은 분명히 어느 정도 효과가 있습니다. 그냥 학교만 다니는 것보다 성적이 상승할 확률이 높아 보이기도 합니다. 하지만 세상은 조금씩 변하고 있습니다. 절대 평가의 과목이 늘어나고 중학교 1학년 학생들은 자유학기제를 넘어 자유학년제의 시대를 맞이하고 있습니다. 2021년도부터는 대학수학능력시험이 개편됩니다. 가장 중요한 시험에 변화가 생기는 것인데요. 지금까지 학교와 학원을 다니며 공부하던 방식에 변화가 필요한 시점입니다.

현재 대한민국에서 자녀에게 사교육을 시키는 것은 명문대를 보내기 위한 목적이 큽니다. 2015 OECD 교육지표를 살펴보면 대한민국의 대학 진학률은 68%로 1위입니다. 선진국이라 불리는 독일은 28%, 미국은 46%입니다. 대한민국은 지나치게 대학교에 많이 진학하고 있습니다. 하지만 취업은 어렵습니다. 대학을 졸업해도 회사에 취직을 못 하고 강제적으로 쉬고 있는 청년들이 많아지는 사회 문제의 심각성은 어제 오늘의 일은 아닙니다. 대학을 가기 위해 집안 경제가 흔들릴 정도의 비용을 사교육에 지출하는 문제에 대한 해결책을 찾는 일은 더 이상 뒤로 미룰 수가 없습니다.

　　맹목적으로 아이의 학원비를 지출 내역의 1순위로 삼는 것은 이제 비효율적인 시대입니다. 학원도 선택과 집중이 필요한 시대입니다.

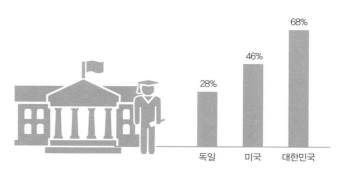

2015 OECD 국가별 대학 진학률

맹모삼천지교,
맞을까요?

학원의 유혹으로부터 지켜야 하는 두 번째 사항은 우리 가족의 보금자리입니다.

대한민국에서 부동산 시세는 언제나 핫한 주제입니다. 그리고 이러한 아파트 시세를 결정짓는 주요한 요소 중 하나는 '자녀의 학습 환경'입니다. 그래서 다른 도시에 비해 상대적으로 괜찮은 학원을 다니기에 좋고 대학 진학율이 높다고 알려진 서울로 이사를 감행하는 부모도 쉽게 만날 수 있습니다.

서울 강남구 대치동에 있는 초등학교는 1학기보다 2학기에 학생 수가 늘어납니다. 방학 동안 학생들이 전학을 오기 때문입니다. 아이의 교육을 위해 강남으로 위장전입을 한다는 이야기는 있어도 강남에서 지방으로 이사했다는 이야기는 많이 들리지 않습니다. 아직까지 강남 8학군의 위력은 강합니다. 학령인구는 줄어드는데 희한하게 강남 8학군은 학생이 줄지 않습니다. 오히려 해외에서 공부를 하고 돌아온 조기 유학생까지 더해져서 다른 지역에 비해 상대적으로 학생 수가 늘어납니다. 초등학교도 이러한데 중학교와 고등학교는 말할 필요도 없겠죠?

더 더 좋은 곳으로

비단 대치동에 한정된 이야기는 아닙니다. 엄마는 지속적으로 서울 8학군으로 진입해보려 합니다. 불가능하다면 강남구나 서초구를 벗어나 성동구, 광진구, 송파구 등 엄마의 레이더망을 넓힙니다. 서울 진입 자체가 어렵다면 위례와 일산 정도까지 눈여겨보며 서울 주변을 벗어나지 않으려는 의지를 보입니다. 다른 지역으로 가면 집을 매수할 수 있음에도 불구하고 굳이 전세를 택하면서 위에 열거된 동네에서 터를 잡으려 노력합니다. 아이를 좋은 학원에 보내주고 싶어 하는 부모의 마음은 이 동네의 아파트 가격을 계속 높여줍니다.

경제적인 여건이 되지 않음에도 무리하는 경우에는 문제가 발생하기 시작합니다. 강남에 진입했다 하더라도 비강남 출신의 엄마들은 기존 강남 엄마들의 드높은 기세를 따라잡으려면 마음을 단단히 먹어야 합니다. 이 동네는 부모의 경제력이 곧 아이가 다니는 학원의 등급을 결정하기 때문입니다. 사교육 시장이 굉장히 활성화되어 있기 때문에 아이 역시 조금 더 독한 마음으로 친구들과 경쟁해야 합니다.

전국 단위 모집의 특목고가 아닌 이상 명문대를 많이 보내는 고등학교에 진학하고 싶다면 그 주변으로 이사를 가야 합니다. 자사고와 외고의 폐지가 확정되면서 명문대 진학률이 높은 일반고를 가는 부분은 더 중요해졌습니다. 중학교와 고등학교의 입학을 앞둔 매년 가을이 되면 부동산 시장은 분주해집니다. 실제로 대치동과 중계동의 전세 문의는 평소의 3~4배가 증가한다고 합니다. 학원가가 가까울수록 집 가격이 올라가는 것은 말할 것도 없습니다. 대부분 꺼려하는 2000년대 이전에 지은 아파트도 유독 이 동네에서만큼은 수요가 끊이질 않습니다. 매물이 나오는 대로 바로 소진되기 때문에 이사를 하고 싶어도 쉽게 하지 못합니다.

'서울 집 값=서울대 입학률'이라는 공식이 이제는 새롭지가 않습니다. 아파트 가격과 서울대 입학률 모두 강남구 — 서초구 — 송파구 순이라는 사실은 누구도 부정하지 못합니다. 어느 동네에 사느냐가 어느 대학교에 가느냐를 결정하는 데 분명 영향을 미칩니다.

현실적으로 부익부 빈익빈이 아이의 교육에서 더 분명해지고 있습니다. 총알을 충분히 갖고 있는 군인이 총을 잘 쏠 수밖에 없습니다. 비싼 학원이 많은 동네에 돈이 많은 학부모들이 거주하고 그들이 자녀의 사교육비를 아낌없이 소비합니다. 학원에 대한 수요가 많기 때문에 공급 또한 많을 수밖에 없습니다.

대한민국의 많은 학생이 너무 공무원 시험에 목을 멘다고 비판하는 목소리도 있잖아요? 하지만 해마다 올라가는 공무원 시험의 경쟁률을 보고도 공무원 준비를 하는 학생들의 심정은 어떨까요? 본인의 학력과 부모님의 소득을 살펴보고 그나마 가장 객관적으로 경쟁할 수 있는 무대를 찾아나가는 마음이지 않을까요? 이제는 이런 마음을 중학생 아니 초등학생까지 먹도록 사회구조가 변해가는 부분은 심히 걱정이 됩니다.

만약 지방에 거주하는데 경제적인 여력이 되고 아이가 원해서 서울로 이사를 한다면 아무 문제가 없습니다. 대치동 엄마가 되어야 남들보다 빠르게 입시 관련 정보도 얻을 수 있고 다른 집 아이보다 조금이라도 더 괜찮은 학원에 보낼 확률이 높아지니까요. 기러기 가족의 삶은 아이가 좋은 대학을 갈 수만 있다면 어쩔 수 없이 감당해야 하는 부분이라고 생각하는 엄마들도 있습니다.

재수생도 많은 강남

대신, 서울 강남으로 이사를 가더라도 이 부분을 알고 가는 편이 좋습니다. 강남으로 이사를 오는 엄마 중에는 우리 아이가 재수를 하지 않고 명문대에 한 번에 합격하길 바라는 분들이 많은데요. 언뜻 보면 교육특구라 불리는 서울 강남구 대치동과 그 일대의 학생들은 부모 속을 썩이지 않고 한 번에 서울대 입학을 해낼 것 같습니다. 하지만 초, 중, 고등학교의 학교정보 공시제도를 소개하는 '학교 알리미'를 살펴보면 2017년 기준으로 재수생이 가장 많이 배출되는 지역은 다름 아닌 교육특구입니다. 이사를 하는 이유와는 조금 다른 결과이지요? 강남구의 진학률은 48.8%, 서초구 50.7%, 양천구 54.3%입니다. 절반의 학생만이 한 번에 대학에 가는 것이죠. 분명한 점은 강남에 산다고 해서 재수를 하지 않고 원하는 대학교에 철썩 합격하지는 않는다는 것입니다. 두 가지의 얼굴이 공존하고 있죠. 강남 진입이 모든 문제를 해결해주진 않습니다.

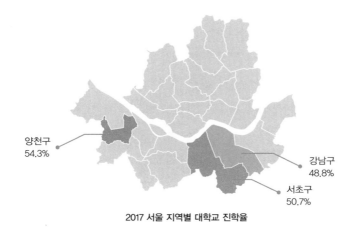

양천구
54.3%

강남구
48.8%

서초구
50.7%

2017 서울 지역별 대학교 진학율

아이가 바라는 삶과 엄마가 원하는 삶은 다를 수 있습니다. 재수를 한다고 해서 원하는 대학교에 입학한다는 보장이 있지도 않습니다. 결국 정답은 아무도 모릅니다. 5년 전만 해도 중학생에게 자사고와 특목고 진학을 위한 교육이 필요하다고 모든 사교육 회사가 강조했습니다. 하지만 이제는 자사고와 특목고는 역사 속으로 자취를 감추기 일보 직전입니다. 어떻게 변할지 아무도 모릅니다.

보이는 현실에 너무 집착할 필요는 없어 보입니다. 최소한 어디에서 어떻게 공부하고 싶은지에 대해서는 아이에게 선택권을 주면 어떨까요? 정말 공부를 잘하고 싶으면 특정 동네에서 살아야만 하는지, 한번쯤은 생각해볼 필요가 있습니다.

성적보다
중요한 것

학원의 유혹으로부터 지켜야 할 세 번째 항목은 우리에게 가장 중요한 아이와의 관계입니다.

참 이상합니다. 왜 이렇게 우리 아이만 빼고 다른 집 아이들은 공부도 열심히 하고 성적도 좋은 것 같을까요? 엄마는 답답한 마음에 아이에게 이야기를 꺼내봅니다.

"옆집 철수는 학원을 다니지 않는데도……"

이제 막 이야기를 시작했을 뿐인데 아이는 화가 나 있습니다. 또 그 소리냐며 아이가 방문을 닫고 나가버리네요. 그런데 엄마는 정말 모르겠습니다.

'쟤는 내가 언제 이런 얘기를 했다고 난리야. 오늘 처음 하는 이야기구면.'

사실 알고 보면 철수의 이야기만 처음이지 영희, 미애, 영수 등 사람만 바뀌고 같은 내용의 이야기는 줄곧 해왔던 것이죠. 언젠가부터 아이와 같은 내용으로 대화를 나누어도 서로 다른 생각을 하는 상황이 자주 연출됩니다. 왜 이렇게 됐을까요?

부모와 자식은 정말 대단한 인연입니다. 전 세계 인구 75억 명 중에 단 한 사람, 나의 아이가 내 앞에 있는 것이잖아요. 237개 나라 중에 대한민국이라는 나라에서 만났고요. 이렇게 소중한 인연임에도 불구하고 아이가 커갈수록 마냥 좋은 시간만을 함께 할 수는 없습니다. 아이가 결혼을 하고 출가하기 전까지 30년을 한집에서 같이 산다고 생각했을 때, 어쩌면 한 번도 의견 충돌이나 싸움이 일어나지 않는 것이 더 이상한 이야기일 수도 있습니다. 시간이 지날수록 아이는 본인만의 고집이 생기고 엄마는 그런 아들, 딸을 보며 서운함이 늘어가죠.

엄마의 화

그렇다면 본격적으로 엄마가 화를 내는 시기는 언제일까요? 아이가 학원을 다니면서 아이의 공부에 신경을 쓰기 시작하는 시점입니다. 화는 인간이 중요한 부분에서 더 이상 논리적으로 설명할 수 없을 때 나오는 감정입니다. 부모가 아이를 더 이상 지금 방법으로 통제하기 힘들다는 생각이 들 때, 화가 치밀어오릅니다. 아이가 커갈수록 엄마는 아이의 '학교 성적'에 관심을 많이 기울이고 아이 역시 학교 성적이 가장 큰 스트레스의 요소로 작용하는 시점이 맞물릴 때, 마찰이 일어나기 시작합니다.

가끔은 '화'가 먹힐 때도 있습니다. 아이의 나이가 어리면 어릴수록 약발이 좋은 것 같고요. 어렸을 때부터 부모님이 엄했다면 아이가 부모의 화에 억눌릴 수도 있습니다. 하지만 초등학교 고학년으로 올라갈수록 화를 통한 자녀의 통제는 점점 어려워집니다.

중학교에 입학하면 본인의 의견이 뚜렷해지잖아요. 본인의 생각을 정리해서 엄마한테 차근차근 이야기를 했는데 엄마는 도리어 "어디서 말대꾸야!"라고 소리를 질러버리네요? 그렇게 아이는 아이대로 엄마는 엄마대로 화를 억누르지 못하는 상황에 빠지는 것이죠.

혹시 자녀와의 관계에서 엄마의 역할이 훈계라고 생각하지는 않나요? 우리가 학창시절에 엄마와 대화하던 장면을 떠올려보면 쉽습니다. 엄마가 아무리 맞는 말을 하고 바른 말을 해도 대화를 하는 것이 아닌 일방적인 조언을 듣는다는 기분이 들면 어땠나요? '우리 엄마도 역시 어쩔 수 없구나.'라고 생각하면서 대화를 회피하거나 오히려 엄마와 말싸움이 시작되기도 합니다.

부모와 자녀 사이에 '강요'라는 단어가 등장하는 순간, 뒤틀림이 발생합니다. 엄마는 분명히 조언을 하고 있는데 아이는 강압적인 메시지라고 받아들이는 것이죠. 이런 상황이 발생되지 않으려면 평소에 아이에게 긍정적인 이야기를 많이 해줘야 합니다. 우리도 그렇잖아요. 평소에 나에게 언제나 힘을 불어넣어주는 사람이 던지는 한 마디와 내가 싫어하는 사람이 주는 의견을 받아들이는 마음가짐 자체가 달라집니다.

주위를 살펴보면 대부분의 아이들은 공부보다 게임이나 연예인에 관심이 많습니다. 그래서 아이가 학원을 다녀도 즉시 성적이 오를 가능성은 희박합니다. 내 아이만 무슨 특별한 문제가 있어서 공부를 하지 않는 것은 아닙니다. 대부분의 학생들이 학원까지 보내놓아도 공부를 하지 않는 이유는 공부는 억지로 해도 힘들고 재미가 없는 반면에 주변에 재미있는 다른 요소는 너무 많기 때문입니다. 그렇다면 아이들은 공부가 왜 힘들다고 생각할까요?

혹시 엄마가 아이에게 하는 대화의 절반 이상이 공부와 관련된 이야기는 아닌지 살펴볼 필요가 있습니다. 이제 돈을 들여 학원까지 보내기 시작하면 공부에 대한 잔소리는 자연스럽게 더 늘어납니다. 아이가 엄마에게 집에서 자기주도 학습을 해보고 싶다고 이야기했는데 오히려 '학원이나 열심히 다녀'라고 이야기한 적은 없나요? 학원을 열심히 다녀야 착한 아이는 아닙니다. 시험 점수가 높아야 좋은 아이인 것도 아니고요. 과학고를 가야 아이를 잘 키운 것도 아닙니다.

솔직히 공부보다도 우리 인생에서는 중요한 부분이 참 많습니다. 옆집 아이보다 우리 아들, 딸이 학교 성적이 낮을 수는 있어요. 하지만 학급 친구들에게 인기가 더 많을 수도 있고 책을 더 많이 읽어 토론만큼은 누구보다 더 잘하는 능력을 갖고 있을 수도 있습니다.

아이를 학원을 보낸 후에 오히려 더 성적이 떨어지고 아이와의 마찰만 커졌다면 아이의 장점을 바라봐주세요. 아이에게 엄마가 도움을 줄 수 있는 가장 큰 이유는 지금 아이가 걷고 있는 길을 먼저 걸었기 때문입니다. 엄마가 학교를 다니던 시절에는 인터넷이 없고 스마트폰이 없었던 것뿐이지 우리 아이가 지금 겪고 있는 성적으로 인한 엄마와의 갈등은 여전히 존재했었잖아요.

아이와 같은 상황을 엄마는 먼저 경험했습니다. 아이에게 가장 좋은 멘토가 충분히 되어줄 수 있습니다. 굳이 아이를 억지로 리드하려 노력할 필요는 없습니다. 아이에게 바라는 모습을 엄마가 먼저 보여주면 됩니다. 아이가 학원을 열심히 다니기를 원한다면 엄마가 목표를 향해 열심히 노력하는 모습을 보여주세요.

"엄마는 왜 계속 책을 읽어?"

"엄마는 왜 운동을 열심히 해?"

이런 질문을 받는다고 상상만 해도 기분이 좋아지지 않나요? 아이가 물어보는 질문에 답해주면서 "우리 ○○이도 학원도 열심히 다니고 하고 싶은 공부를 열심히 했으면 좋겠어."라는 이야기 한마디면 충분히 아이의 마음에 와닿게 할 수 있습니다.

학원을 다니면서 아이는 공부의 양이 많아지고 예민해진 상태입니다. 싸우기 위해서 학원을 보내는 것이 아니잖아요. 아이를 위해 엄마가 말보다 행동으로 먼저 보여준다면 아이의 행동도 변화될 수 있습니다.

"

여러 가지를 생각해본 결과
일단 학원을 보내보자
마음 먹었다고요?
그럼 이걸 꼭 아셔야 해요.

"

선택의 기로에서

이제 이런 고민을 하게 됩니다.

'우리 아이는 학원을 보내는 것이 맞을까? 학원에 다닌다면 정말 성적이 오를까?'

물론, 정답은 없습니다. 개개인마다 공부를 하는 스타일이 다르고 처해 있는 환경이 다르기 때문에 쉽게 결정을 내릴 수는 없지만 이런 생각은 해볼 필요가 있습니다.

학원 레벨보다 중요한 건 아이의 학습 수준

현재 대한민국의 학원은 대부분 상위 20% 학생에게 수업 커리큘럼이 맞춰져 있습니다. 학원에서는 하위권 학생도 상위권으로 점프시켜준다고 이야기하지만 실상은 많이 다릅니다. 대부분 학원에서 강조하는 사항을 보면 쉽게 알 수 있습니다. '우리 학원에서 올해 특목고랑 자사고에 몇 명 갔어요.'를 강조합니다. '하위 80%였던 학생 20명 이상이 수학 점수가 평균 60점이 올랐어요.'라고 광고하는 학원을 찾아보기는 쉽지 않습니다. 본인들의 학원에는 하위권 학생이 많다는 것을 광고하는 꼴이 되기 때문이죠. 결국 우리는 학원을 선택하는 가장 중요한 조건으로 '이 학원에 지금 얼마나 공부 잘하는 친구들이 많고 명문고를 많이 갔느냐'를 살펴봅니다. 그래서 사실 우리 아이는 지금 하위권인데 진학의 가능성이 희박한 '특목고를 많이 보낸 학원'에 아이를 보내면서 엄마들은 부푼 기대를 갖게 됩니다. 그러나 잘 따져보면 그 학원 수업은 우리 아이에게 필요하지 않은 심화과정 위주여서 우리 아이는 기초가 부족해 수업진도를 따라가기 힘들어 하는데 말입니다. 명백합니다. 학원을 선택하는 기준은 '현재 우리 아이의 수준에 맞는 수업을 들을 수 있는 곳'을 선택해야 합니다.

어느 학원에서 서울대를 많이 보냈다면 그 이유는 전교에서 1등하는 친구들이 많이 등록을 했기 때문일 가능성이 높습니다. 지금 우리 아이가 전교 1등이 아니라면 학원에서 강조하는 '정량화된 수치'에 속아 넘어가서는 안 됩니다.

학교에서 배우지 못한 부분을 학원에 가서 보충할 수 있지만 학원이나 학교 모두 결국 일 대 다수로 진행되는 수업입니다. 학원 역시 선생님과 활발한 커뮤니케이션을 하는 데 어려움이 있습니다. 그리고 학원에 새로 가면 기존에 수강하고 있던 학생들이 배운 내용은 학생들이 알고 있다는 전제하에 수업을 진행하기 때문에 처음 학원 수강을 시작하면 대략 3개월은 아이들이 특히나 어려움을 겪게 됩니다. 여기서 느끼는 어려움 때문에 학원을 옮기거나 그만 다니려는 친구들이 많이 나타나기 때문에 학원을 다니는 초반에는 오히려 엄마의 무관심이 도움이 될 때가 있습니다. 학원

적응도 끝나지 않은 상태에서 엄마가 무리하게 아이의 학원 생활에 개입을 하면 역효과를 불러일으킬 가능성이 높습니다.

새로 생긴 학원 조심

현재 자녀가 학원을 다니고 있는 중이라면 엄마들이 한번 흔들리는 경우가 있는데 바로 근처에 '평판이 좋은 학원이 신규 개설'을 할 때입니다. 지금 다니고 있는 학원에 100% 만족하면서 다니는 경우는 많지 않잖아요? 그래서 주변에 대형학원이 들어서면 자녀보다도 엄마의 마음이 먼저 움직입니다. 일정 규모 이상의 학원에서는 레벨을 정해 반을 운영합니다. 그래서 어느 반에 속해 있느냐가 엄마들 사이에서는 일종의 '자존심'이 되기도 합니다. 반의 레벨이 높으면 높을수록 더 빨리 선행이 진행됩니다. 그래서 우리 아이가 지금 막 중학교에 입학을 했고 진도는 이미 중학교 2학년 2학기를 선행하고 있는 상태여도 옆집 아이가 3학년 1학기를 배우고 있다고 하면 속상해하는 상황이 발생합니다. 이런 상황에서 근처에 지금 다니고 있는 학원보다 더 큰 규모의 학원이 오픈을 하면 '한번 레벨테스트만 받아볼까?'라는 마음이 조금씩 꿈틀거립니다. 그리고 신규 학원들은 무료 레벨테스트 쿠폰을 엄마의 주변 어딘가에 꼭 가져다줍니다. 그렇게 레벨테스트를 보고 나면 반드시 문제가 발생합니다.

"재훈이는 머리가 굉장히 좋은 학생인 것 같아요. 이해력도 빠르고 암기력도 뛰어납니다. 다만 지금 배우고 있는 학습법이 약간 안 맞는 것 같아요. 저희 학원으로 와서 지금의 탑반에서 영재반으로 점프해서 수강하면 자사고 진학도 노려볼 수 있을 것 같아요."

이제 엄마의 마음은 흔들립니다. 안 그래도 옆집 아이가 우리 아이와 같은 학원의 한 단계 높은 레벨에 다니고 있어서 신경 쓰였는데 더 큰 규모 학원의 영재반에 갈 수 있는 기회를 얻은 것이죠. 아이에게 물어보니 아이 역시 반을 점프할 수 있다면 좋을 것 같다고 합니다.

여기서 잊지 말아야 할 점은 신규 학원은 대부분의 아이들이 반을 상승해서 온다는 점입니다. 즉 우리 아이만 레벨이 상승된 것이 아닙니다. 간단합니다. 레벨을 다운시키면서 옮기는 엄마는 거의 없습니다. 우리가 학원에 바라는 것이 뭘까요? 아이가 계속 더 높은 반으로 올라가서 다른 아이들을 제치고 나아가는 것이지요.

신규 학원의 영재반 아이들이 정말 그 실력을 갖춘 학생들로 구성되어 있을까요? 만약 그렇다고 해도 그 학생들은 이미 다니고 있는 학원에서 그만큼 잘 배웠기에 영재반의 실력을 갖출 수 있게 된 것입니다.

학원은 그저 학원일 뿐

엄마의 욕심으로 학원을 변경하는 것은 굉장히 큰 위험 요소가 있습니다. 아이의 학교 전학은 신중하게 생각하면서 학원을 옮기는 부분은 가볍게 생각하시는 분들이 상대적으로 많습니다. 학교나 학원 모두 아이에게는 새로운 환경이기 때문에 결코 가볍게 생각해서는 안 됩니다.

아이가 새로운 학원을 다니기 시작했다면 너무 조급해하지 마세요. 학원을 새롭게 다니기 시작하는 친구들 중에는 스스로 자기주도 학습을 하다가 온 친구들보다 다른 학원을 다니다가 오거나 과외를 하다가 오는 친구들도 꽤 많습니다. 즉 이것저것 해보다가 다 안 되니까 학원으로 다시 컴백하는 경우가 많은 것이죠.

이와 같은 경우에 많이 보이는 공통점은 '한 가지를 오랫동안 하는 끈기가 없다.'라는 것입니다. 이 문제는 새로운 학원에 가서도 역시나 똑같이 발생합니다. 문제의 시발점은 언제나 시험입니다. 엄마가 '새로운 학원은 잘 다니고 있겠거니……'라고 막연하게 생각하고 있다가 막상 시험 성적이 나오면 본격적으로 분노에 찹니다.

심지어 성적이 올랐어도 "아니, 어떻게 학원을 바꿨는데 이 정도밖에 오르지 않지?"라고 생각하는 분들도 많습니다. 그래서 학원 담임 선생님에게 연락을 합니다. 하지만 명쾌한 대답을 듣는 경우는 적습니다. 오히려 '아이 학원 문제집 상태를 한번 체크해보셨나요?', '사실 경준이가 숙제를 잘 하지 않아요.'라는 대답을 들는 경우가 많습니다. 엄마가 원하는 대답을 들을 확률이 매우 낮은 것이죠.

학원을 다녀도 성적이 오르지 않는 경우는 의외로 많습니다. 학원은 꼼꼼하게 1대 1로 우리 아이를 봐줄 수 없습니다. 정말 아이가 명확한 단점이 있고 그 부분을 제3자의 힘을 빌려 고칠 수 있을 정도의 수준이고 경제적인 여유가 있다면 과외를 잠시 하는 편이 나을 수도 있습니다.

선행학습을 통해 진도를 치고 나가는 부분은 학원에서 가능하지만 자녀의 부족한 부분을 완벽하게 보충하며 당장의 시험 성적을 올리는 것은 아무리 명문 학원이라고 해도 쉽지 않습니다.

아이의 생각 꼭 들어보기

그렇다면 어떤 학원을 선택해야 할까요? 중학교까지는 자발적으로 공부를 해야겠다는 동기를 갖고 공부하는 친구들이 거의 없습니다. 그래서 사교육에 의존하게 되고 학원의 문을 두드리게 됩니다. 어쩔 수 없는 현실이기도 합니다. 대형학원은 체계적이고 커리큘럼이 좋지만 선생님들 간에 스카웃도 빈번하게 일어나 주기적으로 선생님이 바뀌고 아이가 한번 진도를 놓치면 따라가지 못할 가능성이 높아집니다. 어차피 찾는 학생들이 많아 한 명, 한 명에게 정성을 쏟는 것이 실질적으로 불가하기 때문입니다. 반면에 동네 수학학원은 1 대 1이 상대적으로 가능하지만 같이 공부를 하고 있는 학생들의 수준 차가 크게 날 수도 있습니다. 그래서 실질적으로 필요한 내용을 다른 학생들 때문에 배우지 못하는 경우도 발생합니다. 본인의 상황을 고려하여 학원을 선택해야 합니다.

아이의 학원 생활에 엄마가 일정 정도 개입할 필요성은 분명히 있습니다. 아이에게 부담을 주는 것이 아니라 선생님과 의논하여 집에서 보완해줄 부분이 없는지를 파악하는 것은 학원 생활을 꽤 효율적으로 할 수 있게 만들어줍니다. 단순히 이번 시험의 성적만 갖고 열이 받은 상태로 학원 선생님에게 전화하기 전에 평소에 한번 '수업 태도'에 대해 질문하는 자리를 가져보세요. 그냥 학원에 가서 앉아만 있다 오는 것과 수업을 듣는 것은 천지차이입니다.

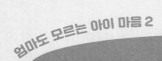

엄마는 제 말을 믿지 않아요

선생님   지선 양, 반가워요. 엄마에게 요즘 학원 다니기 너무 싫다고 이 야기했다던데?

지선   네, 맞아요. 지금 다니는 학원 너무 싫어요.

선생님   엄마 말로는 학원을 다녀도 성적이 오르지 않아 스트레스를 받 는 것 같다고 하는데 사실 학원을 다니면서 성적이 오르지 않는 친구들은 많아요. 정말 이 이유가 전부인가요?

지선   사실 학원 쌤이랑 싸웠어요. 그 이후로 더 가기 싫어졌고요.

선생님   싸운 이유를 혹시 말해줄 수 있어요? 아무래도 상대적으로 엄격 한 학교 선생님보다 학원 선생님과 마찰을 일으키는 친구들이 많더라고요.

지선   엄마가 요즘 성적 때문에 집에서 스트레스를 많이 줘요. 그렇게 열이 받은 상태로 학원에 가서 앉아 있으면 조금만 제 기분이 상 하는 일이 생겨도 제가 감정을 주체 못 하는 것 같아요.

선생님 그렇군요. 그럼 사실 학원 문제보다도 그에 앞서 엄마에게 받는 스트레스가 문제네요?

지선 네, 맞아요. 엄마가 저를 너무 무시하는 것 같기도 하고 심지어 이번 중간고사에서 수학을 2개 틀렸는데도 혼났어요.

선생님 엄마에게 본인의 감정을 솔직하게 이야기해본 적이 있나요?

지선 아니요, 얘기해봤자 기-승-전-공부예요. 들어보나 마나 결론은 공부로 끝나거든요. 정말 실수로 틀렸는데도 엄마는 제 말을 믿지 않아요.

선생님 엄마와 대화가 더 이상 통하지 않으면 다른 방법을 생각해보는 것도 대안이 될 수 있어요. 예를 들어 글을 써서 전달할 수도 있고. 만약 학원을 옮겨서 엄마와의 관계가 좋아질 수 있는 부분이 있다면 실질적인 대안이 될 수 있을 것 같네요.

지선 엄마는 학원을 옮긴다고 하면 화부터 낼 거예요.

선생님 오히려 엄마에게 받은 스트레스를 학원에 가서 친구들과 이야기하고 수업에 집중하면서 잊는다고 하는 친구들도 있어요. 학원을 다닐까 그만둘까를 결정하기에 앞서 엄마에게 받는 스트레스에 대해 이야기를 나누는 시간을 갖는 편이 좋을 것 같아요.

먼저, 아이의 이야기를 들어주세요

아이가 학원을 다니기 시작했다고 해서 끝이 아닙니다. 오히려 시작인 경우가 많죠. 학원을 다니면서 스트레스를 호소하거나 어려운 부분을 이야기할 때, 오히려 끈기가 없다고, 열심히 하지 않는다고 나무란 적은 없나요? 아이는 생각보다 심각하게 고민에 빠져 있을 수도 있습니다. 우선 이야기를 들어주세요. 아이의 이야기에 귀를 기울여주는 것 자체만으로도 아이에게는 힘이 되고 고민이 조금은 풀릴 수도 있으니까요.

효율적인 공부를 돕는 법

 ## 1. 목표를 정해주세요

학업 성적이 우수한 아이들의 대표적인 특징이 무엇일까요? '목표'를 갖고 공부한다는 점입니다. 주변을 보면 뚜렷한 목표 없이 마냥 공부만 열심히 하는 친구들이 있는데요. 금방 지칩니다. 골인 지점이 없어서 언제 끝이 나는지 모르기 때문입니다. 목표를 정해서 공부할 수 있도록 이끌어주세요. 그리고 그 목표는 눈으로 자주 볼수록, 귀로 자주 들을수록 좋습니다. 성공한 사람들은 누군가 "현재 목표가 무엇인가요?"라는 질문을 받았을 때, 막힘없이 대답을 합니다. 어떻게 그렇게 바로 대답이 나올 수 있는지 물어보면, "오늘 아침에도 목표를 보고 왔는걸요."라고 대답하는 것을 볼 수 있습니다.

2. 놀게 좀 해주세요

머리로는 분명히 알고 있는데 막상 실천을 하려면 어려운 부분이 아이에게 '충분한 휴식 시간'을 제공하는 것입니다. 아무래도 우리 아이의 휴식보다는 공부에 더 관심이 가게 마련이잖아요. 그래서 놀고 있는 아이를 보고 있노라면 복장이 터질 때가 많고요. 축구 선수들은 아무리 경기를 많이 해도 일주일에 2회밖에 하지 않습니다. 계속 뛰면 지칠 수밖에 없기 때문이겠죠. 공부만큼 쉬는 것도 중요합니다.

3. 공부하는 이유에 대한 대화를 나누세요

지금 공부를 하면 꿈을 이루는 데 유리합니다. 금수저들이 성공하는 데 유리한 이유가 무엇일까요? 그 금수저를 지키기 위해 열심히 공부하기 때문입니다. 공부하는 이유가 명확하죠. '내가 지금 이 공부를 왜 하고 있지?'라는 생각과 함께 슬럼프에 빠지는 경우가 누구나 한번쯤은 발생합니다. 이 위기를 극복하는 데 가장 좋은 약은 '아~ 맞아! 내가 지금 이것 때문에 고생하면서 공부를 하고 있지.'라는 스스로에 대한 다짐입니다.

4. 칭찬을 아끼지 마세요

대한민국 엄마들의 특징이 하나 있습니다. 아이가 시험에서 99점을 받아 옵니다. 누가 봐도 높은 점수입니다. 하지만 칭찬을 하지 않는다는 것입니다.

"조금만 더 해! 곧 100점이야!"

아이는 약간 당황스럽습니다. 아이가 드디어 100점을 받아오면 칭찬을 해줄까요?

"잘했어. 하지만 방심하지 마. 방심하는 순간, 다시 99점으로 갈 수 있어."

아이는 외롭습니다. 어떻게 해도 칭찬을 받지 못하기 때문이죠. 칭찬을 멀리하지 마세요. 돈을 전혀 들이지 않고 상대방에게 제공할 수 있는 최고의 선물은 '긍정적인 이야기'입니다. 아이가 진짜 잘못을 했더라도 어딘가에는 칭찬을 넣어주세요. 생각지 못한 상황에서 고마운 경험을 겪은 사람은 그 순간을 오랫동안 간직한다고 합니다. 우리 아이에게도 이와 같은 경험을 할 수 있도록 만들어주세요. 칭찬은 고래도 춤추게 한다고 하니까요.

2

성적이 오르지 않는
진짜 이유

"

공부는 단순히 점수를
올리기 위해 하는 것일까요?
아이 스스로 공부의 이유를
찾고 습관을 들일 수 있게
도와주세요.

"

공부,
왜 해요? ✏️

　　사람은 하고 싶은 일을 해야 신이 납니다. 억지로 하는 일은 잘하기 어렵습니다. 학원을 다니면서 성적을 올리려면 무엇이 필요할까요? '학원을 가고 싶은 마음'이 필요합니다. 하지만 진심으로, 간절하게, 성적을 올려야만 하겠다고 학원을 다니는 친구를 찾기는 사실상 어렵습니다. 대부분 아이들의 학원 생활은 엄마 손에 이끌려 학원 문을 여는 것에서 시작되니까요.

　　그렇다면 아이들은 왜 학원을 다니기 싫어할까요? 학원을 굳이 다녀야 할 필요성을 느끼지 못하기 때문인데요. 이는 '좋아하지 않는 공부를 학원까지 다니면서 해야 하나?'라는 의문에서부터 시작하는 경우가 많습니다. 공부를 싫어하는 학생보다 좋아하는 학생을 발견하기가 훨씬 어렵습니다. 많은 학생들이 어쩔 수 없이 억지로 공부를 하고 있는 것이 사실입니다. 요즘 중학생 친구들을 만나보면 가장 많이 하는 질문 중에 하나가 이것입니다.

　　"열심히 공부해도 좋은 대학 가기도 힘들고 좋은 대학을 가도 좋은 직장에 취직하기 힘들지 않나요?"

　　틀린 질문이 아니기에 대답하기도 힘이 듭니다. 교육부와 한국교육개발원이 발표한 '2017년 고등교육기관 졸업자 취업통계 조사' 결과에 따르면, 고등교육기관 졸업자의 전국 평균 취업률은 66.2%입니다. 이웃나라 일본이 97~98%를 기록하는 것과 비교하면 한국에서 취업하기는 힘든 것이 사실입니다. 이런 상황 속에서 '공부를 왜 해야 하지?'라는 생각이 드는 것도 이해가 가는 부분이 분명 있습니다. 암담한 미래를 예상하며 억지로 학교를 가고 학원을 가고, 공부하고 싶은 마음이 없는 상태에서 학원을 다니니 성적이 오를 가능성이 만무합니다.

그리고 공부를 열심히 잘하고 있던 친구들이 오히려 학원을 가고 나서 성적이 떨어지는 경우도 발생합니다. 대부분 엄마 손에 이끌려 학원을 다니기 시작합니다. 학원을 다니지 않아도 스스로 자기주도 학습을 할 능력이 있는 친구들조차 어쩔 수 없이 초등학교 고학년이 넘어가면 마치 통과의례처럼 학원을 다니기 시작합니다. 대부분 본인의 흥미와 상관없이 주요 내신 과목의 선행학습을 하고, 태어난 지 10년밖에 되지 않았는데 학과 성적에 대한 고

대한민국
66.2%

일본
97~98%

2017년 고등교육기관 졸업자의 전국 평균 취업률

민을 하라고 강요받게 됩니다. 여기서 문제는 '공부에 대한 흥미' 자체를 잃어버리는 학생들이 발생한다는 점입니다.

대한민국의 대부분 중학생은 '왜 공부를 해야 하는가'에 대해서 알지 못합니다. 그 누구도 아이들에게 '공부를 하는 이유'에 대해 생각할 시간을 주지는 않고 모두가 '공부를 직접 하는 시간'만 강요하기 때문이죠. 목적이 없는 공부는 어느 정도 버틸 수 있지만 일정 시간이 지나면 사람을 지치게 만듭니다. 그래서 학원을 다녀도 아이의 성적이 오르지 않는다면, 학원 선생님 문제, 학원 숙제를 성실히 하는지 등을 따지기 전에 아이와 함께 이 질문에 대한 고민을 해야 합니다.

'공부를 왜 하는가?'

장래 희망은 유튜버

세상이 빠르게 변하면서 우리 학생들의 생각도 빠르게 변하고 있습니다. 2018년 모 교육업체에서 실시한 '장래 희망' 1위는 '유튜버'였습니다. 요즘 초등학생과 중학생들은 '유튜브 크리에이터'를 동경합니다.

3,000만 명의 구독자수를 가진 한국의 6살 유튜브 스타가 95억 원에 달하는 서울의 5층짜리 부동산 건물을 사들였다는 이야기를 뉴스를 통해 접할 수 있었습니다. '공부를 꼭 열심히 해야 하나?'라는 생각이 드는 대목이기도 합니다. 저 6살 친구가 공부를

6년 간, 그렇게 열심히 했을 것 같지는 않은데 말입니다. 물론 공부가 본인의 꿈을 이루는 절대적인 방법은 아닙니다. 공부를 하지 않아도 성공할 수 있습니다.

그렇다면 유튜버는 공부와 정말 전혀 상관이 없을까요? 확실히 말할 수 있는 사실은 공부의 종류가 다를 뿐이지 어떤 직업이든 공부를 해야 한다는 사실입니다.

국내 최초 대법관 출신 크리에이터를 아시나요? '차산선생' 박일환 변호사는 유튜브 크리에이터로 '제2의 인생'을 살고 있는 분입니다. 본인이 대법관이라는 직업을 통해 쌓은 지식을 바탕으로 국민들이 알고 있는 법과 관련된 잘못된 내용들을 바로잡아주고 있습니다. '차산선생법률상식'이란 채널을 통해 2만 4000여 명의 구독자를 보유하고, 누적 조회수 19만 뷰를 돌파한 인기 유튜버이기도 합니다. 차산선생님이 유튜버로 성공한 이유는 무엇일까요? 그동안의 공부를 통해 본인이 갖고 있는 내공과 지식을 통해 하고 싶은 일을 했다는 사실입니다.

지금 아이가 수학 문제를 풀고 영어 단어 암기를 암기하는 것이 필요 없다고 생각하고 있을 가능성이 높습니다. 공부가 단순히 학원을 열심히 다니고 책상 앞에서 문제집을 열심히 푸는 것이 전부가 아님을 알려주세요. 지금 학교에서 듣고 있는 수업이 앞으로 아이가 그 어떤 꿈을 이루든지 중요한 자산이 된다는 사실을 아이에게 알려줘야 합니다.

자신을 알아가는 시간

대한민국의 모든 청소년들은 이제 중학교 1학년 때, 자유학년제를 거칩니다. 진로탐색 활동을 통해 다양한 경험을 해보며 여러 가지 가능성을 아이 스스로 탐색할 수 있는 시간을 충분히 제공해 줄 필요가 있습니다. '공부를 하는 이유'에 대해 책상 앞에서 고민만 하기보다 실질적으로 체험하고 간접 경험하는 시간은 분명 의미가 있습니다. 그리고 현재 아이가 관심 있어 하는 분야와 관련된 진로검사도 받아보세요. 검사 결과를 토대로 아이가 관심 있는 분야의 선배 강연도 듣고 관련 현장 체험도 해보는 등 엄마와 함께하는 능동적인 참여는 아이가 공부를 하는 이유를 찾아줄 가능성이 높습니다.

피겨스케이터 김연아 선수도 어렸을 때 부모님이 아이스링크에 데려가지 않았다면 본인의 재능을 발견하지 못했을 수도 있습니다. 김연아 선수는 교과서를 보고 문제집을 푸는 공부 대신 '스케이팅'이라는, 일반 학생들과는 다른 공부를 했습니다. 그리고 그 과정에 부모님이 함께했습니다. 자녀 스스로 공부에 대해 깊게 생각하고 스스로 답을 찾는 경우는 거의 드뭅니다.

하지만 여기서 잊지 말아야 할 점이 있습니다. 자녀에게 절대 '강요'를 해서는 안 된다는 것입다. 자녀의 생각과 의견은 스스로 성장하고 깨닫는 과정 속에서 자연스럽게 생겨야 합니다. 마치 중학교 1학년 안에 꿈을 찾아야만 하고 찾지 못하면 뒤떨어지는 아이처럼 취급해서는 안 됩니다. 공부를 하는 이유를 찾는 과정은 절대 '속도'의 싸움이 아닙니다. 우리 아이가 좀 늦을 수도 있습니다. 아이가 '어떠한 삶을 살고 싶은지'에 대해 생각할 시간을 충분히 주세요. 현재 아이가 목적 없는 공부를 하는 것은 절대 문제가 되지 않습니다. 그 목적을 찾으려는 의지가 없는 부분만이 문제가 될 뿐입니다. 오늘 바로 아이와 이야기를 나눠보세요.

'우리 아이는 무엇을 좋아하는가?'

'우리 아이의 장점은 무엇인가?'

'우리 아이가 좋아하는 셀럽은 누구인가?'

사실 엄마도 자녀 관련 질문에 명확하게 답을 하지 못하는 경우도 많습니다. 그래서 자녀와 함께 이야기를 나누는 시간이 필요합니다. 학원을 다니는데 우리 아이의 성적이 오르지 않는다고요? 학원을 옮길 생각에 앞서 우리 아이가 '왜 학원을 다니고 왜 공부를 하는 지'에 대해 스스로 깨달을 수 있도록 이야기를 나눠보세요.

천성보다 무서운 것, 습관 ✏️

아이의 학교 내신성적이 좋지 않은 경우에는 학원을 다니면서 열심히 공부하면 분명 도움을 받습니다. 하지만 어린 시절부터 차곡차곡 쌓인 잘못된 학습 습관이 있다면 이 부분은 학원을 다닌다고 해도 고치기 어렵습니다. 지금은 별 것 아닌 것처럼 보이는 아이의 행동도 반복되면 습관이 됩니다. 날씨만 추워도 학원을 가기 싫어하는 초등학생이 중학생이 된다고 해서 갑작스럽게 학원을 365일 성실하게 다닐 확률은 낮습니다. 지금 엄마의 눈에 보이는 아이의 나쁜 공부 습관은 당장 고칠 수 있도록 해야 합니다. 습관은 한번 형성되면 변경하기가 쉽지 않고 학원에서 향상시켜줄 수 있는 부분이 아니기 때문입니다.

만약 아이가 잘못된 행동을 했을 때, 알아차리고 스스로 행동을 고치는 편이라면 크게 고민할 필요는 없습니다. 잠깐의 다른 행동은 습관으로 이어지지 않기 때문입니다. 하지만 잘못된 행동을 자각하지 못하고 반복한다면 문제가 시작됩니다. 아이가 특정한 행동을 계속 반복한다면 그 행동이 편하고 자기 마음에 들기 때문입니다. 나쁜 습관은 좋은 습관보다 힘이 더 강합니다. 그래서 좋은 습관은 나쁜 습관을 이기지 못합니다.

아이가 학원을 가야 하는 시간에 집에서 계속 게임을 하고 있습니다. 이 습관은 이미 굳어져 있기 때문에 엄마의 고치기 쉽지 않습니다. 단순하게 게임을 중지하고 학원 갈 준비를 하는 행동이 아이에게는 꽤 어려운 부분입니다. 습관이 무서운 점은 반복 행동을 통해 아이가 점점 자신의 잘못을 느끼지 않는다는 점입니다. 이미 일상의 한 부분이 되어버렸기 때문이죠. 이런 마음가짐으로는 학원에 가도 공부를 할 리가 없습니다.

우리 엄마들도 아이를 학교에 보내놓고 '오늘은 책을 한 권 읽어야겠군.'이라고 마음먹지만 아침에 아이 등교 준비에 남편 출근 준비에 한바탕 난리를 치고 나면 몸이 나른한 것이 한숨 자면 딱 좋은 상황이 오잖아요. 하루면 괜찮을지 몰라도 이틀이 되고 일주일이 되면 우리의 몸도 지금은 책 읽을 시간이 아니라 잠을 자야 하는 시간이라는 신호를 보내게 됩니다. 이 달콤한 유혹을 견디지 못하면 결국 습관이 됩니다.

그래도 희망적인 부분도 있습니다. 습관이 오랜 기간 이어져 온 행동의 산물이기는 하지만 태어날 때부터 정해지는 천성적인 부분은 아니라는 점입니다. 타고난 기질보다는 고칠 수 있는 확률이 조금은 더 높습니다.

정말 문제는 우리 엄마들이 아이의 공부습관보다 시험 성적표에 더 민감하다는 사실입니다. 오랜 시간을 두고 근본적인 아이의 공부습관을 고치는 쪽보다는 당장 학원에 보내서 다음 시험에서 좋은 성적을 받는 부분에 더 관심이 많습니다. 그래서 시간이 필요한 공부 습관의 변화 부분은 무시당하는 경우가 많습니다.

학원에서 돌아온 아이가 공부를 하지 않으면 대부분의 엄마는 '학원만 다녀오면 공부를 하지 않는 습관'이 있다고 질책합니다. 이 문장을 살펴보면 '아이 본인이 공부하는 습관을 스스로 올바르게 정립하지 못했다.'라고 질책하는 듯한 뉘앙스가 담겨 있습니다. 하지만 아이가 주체적으로 공부 습관을 형성하기는 쉽지 않습니다. 엄마도 옆에서 같이 도와줘야 합니다. 그러나 아이의 공부습관 형성 과정은 옆에서 도와주는 엄마 역시 쉽지 않은 과정입니다. 워킹맘이라면 회사에서 상사에게 올린 보고서를 반려당하고 수정하느라 야근하고 집으로 돌아와 옆에서 아이의 공부를 봐주기 쉽지 않죠. 전업주부라면 아이를 학교에 보내고 설거지를 하고 빨래도 하고 청소를 하고 쉬지도 못했는데 어느덧 아이는 학원에서 돌아와 계속 인터넷만 하고 있고요. 하루 종일 가사노동에 시달리다가 이번에는 자녀교육 노동에 시달려야 하니 몸이 두 개라도 모자랄 판이 됩니다.

2009년 런던대학교에서 발표한 습관과 관련한 연구 결과를 보면 새로운 습관을 만드는 데 걸리는 시간은 평균 66일이라고 합니다. '2달'만 진심으로 집중하면 좋은 습관을 생성할 수도 있고 나쁜 습관을 고칠 수도 있습니다. 누구나 시간이 지나면 의지는 약해지고 골인 지점이 보이지 않으면 중도에 포기할 확률도 높아집니다. 하지만 딱 '2달'입니다. 우리 아이가 수능을 보는 날까지 이어질 공부습관을 형성하는 데 필요한 기간입니다. 초등학교부터 고등학교까지 12년의 시간 중에 2달이면 도전할 만하지 않나요? 2달 간, 아이에게 공부 습관을 만들어주기 위한 엄마의 역할에 대해 살펴보도록 하겠습니다.

새로운 습관을 만드는 데 걸리는 시간 "평균 66일"

계획은 구체적으로

첫째, 공부 계획을 구체적으로 정합니다.

엄마가 아이와 약속을 합니다. "10시까지 공부하고 그 다음에 게임 해."

별다른 문제가 없어 보이지만 위와 같은 상황에서 아이가 10시까지 몰입하여 공부할 확률은 낮습니다. 오히려 머릿속에는 '어서 10시가 되었으면'이라는 생각만 가득하게 됩니다. 시간적인 접근보다 분량적인 접근을 하는 편이 낫습니다. '수학 문제집 30페이지까지 풀고 게임 해.'라는 정량적인 약속이 아이의 집중력을 높여줍니다. 대신 분량은 적당해야 합니다. 너무 많은 분량은 '어차피 30페이지까지 못 풀면 놀지도 못하는데 천천히 하지 뭐.'라는 마음을 만듭니다. 반대로 30페이지가 너무 적은 분량이라면 '어차피 지금 하지 않아도 이따가 금방 할 수 있겠다.'라는 마음을 먹게 합니다. 그래서 구체적으로 '언제까지 무엇을 얼마만큼'이라는 구체적인 계획이 필요합니다.

자유 시간

둘째, 아이의 자유 시간을 정합니다.

아이가 아기였을 때, 우리는 수면의식을 만들어주기 위해 노력했습니다. 그래서 매일 일정한 시간이 되면 불을 끄고 아이를 잠자리로 데리고 갔지요. 공부도 이와 같습니다. 매일 같은 시각에 공부를 하는 것이 중요한데 이를 위해서는 자유 시간이 명확히 지정되어야 합니다. 노는 시간이 너무 부족하면 공부하는 시간에 놀고 싶은 마음이 간절해집니다. 공부를 한 것도 아니고 논 것도 아닌 어중간한 상태에서 시간을 보내는 것이죠. 몸은 책상 앞에 앉아 있지만 머리는 PC방에 가 있는 상황을 만들지 않기 위해서는 공부 시간에는 공부를 하고 자유 시간에는 마음껏 놀아야 합니다. 주중 5일은 공부하는 요일이고 주말은 쉴 수 있는 시간이라는 인식을 만들어줘야 합니다. 학교를 다니는 주중은 아이가 약간 긴장한 상태를 유지하는 편이 좋습니다. 주중을 긴장해서 보내야 주말을 마음 편하게 쉬면서 보낼 수 있습니다. 주말에 편히 쉬지 못하는 아이는 주중에도 집중해서 공부하기 어렵습니다. 주말의 피로감이 월요일에도 남아 있기 때문이죠. 공부도 휴식도 모두 습관이 될 수 있습니다. 이 습관이 몸에 배게 된다면 아이도 주중과 주말을 분리하여 자신이 할 일을 고민하지 않고 계획을 세울 수 있습니다. 주 단위로 공부 시간과 자유 시간을 분배해보세요.

적당한 거리

셋째, 엄마가 적당한 거리를 유지합니다.

엄마는 아이가 제대로 공부하고 있는지 궁금합니다. 모자란 부분이 있다면 도움도 주고 싶습니다. 하지만 엄마의 마음과 아이의 마음은 다릅니다. 아이가 공부를 시작했다면 이제부터는 아이만의 시간입니다. 지금부터는 아이가 이끌어가야 합니다. 공부하는 시간 동안 엄마의 조언은 잔소리로 들릴 수도 있습니다. 이런 상황이 반복되면 아이에게 '공부를 시작하면 엄마는 꼭 잔소리를 한다.'라는 생각이 자리 잡힐 수도 있습니다. 이렇게 되면 아이가 책상 앞에 앉는 습관을 형성시키기는 어려워집니다. 공부는 아이가 스스로 할 수 있도록 놓아주세요.

칭찬

넷째, 아이가 학습 계획을 지키면 칭찬을 듬뿍 해주세요.

아이가 자신과의 약속을 지키는 습관을 만드는 가장 좋은 방법입니다. '약속은 지키는 게 당연하다.'라고 생각하는 엄마도 있습니다. 그러나 돌이켜 생각해보면 우리는 살면서 참 많은 약속을 하고 그만큼 약속을 어기기도 합니다. 약속을 지켰다는 행위보다도 약속을 지키기 위해 노력한 마음에게 박수를 쳐줄 필요가 있습니다. 그렇다면 아무래도 다음 번 약속도 또 지키고 싶은 마음이 들지 않을까요?

공부 습관 만들기

1. 계획은 구체적으로

목표 시간보다는 목표 분량을 정할 것

---

2. 놀 시간 주기

공부 시간 지키는 것만큼 자유 시간 지키기도 철저히

---

3. 엄마는 적당히 멀리

엄마의 모든 말이 잔소리로 들릴 수도

---

4. 칭찬은 듬뿍

잘했으니까 칭찬, 노력했으니까 칭찬!

수포는
안 돼요 🖋

학창 시절에 가장 싫어하던 과목은 무엇이었
나요? 이런 질문을 받으면 '수학'이 항상 세 손가락 안에는 꼽힙
니다. 수학은 엄마가 학교를 다니던 시절이나 아이가 학교를 다니
는 지금이나 우리를 괴롭힙니다. 시간이 흘러도 수학은 무서운 존
재입니다. 저 역시 고등학교 때, 수학 때문에 이과가 아닌 문과를
선택했었습니다. 수학을 포기한 '수포자'들도 꽤 있습니다. 하지만
정말 화가 나는 것은 수학은 중요해서 포기하면 우리만 손해라는
점입니다. 수학을 포기하면 다른 과목을 아무리 열심히 한다 해도
전체적인 성적이 오르기 힘듭니다.

우리는 왜 수학을 무서워할까요? 시험 문제가 난해해서일 수
도 있고 아무리 노력해도 이해를 할 수 없어서일 수도 있습니다.
그리고 재미가 없지 않나요? 한국사 같은 경우는 교과서를 읽다
보면 가끔 재미있는 부분도 나오는데 수학은 그런 경우가 거의 없
습니다. 문제가 너무 따분하기도 합니다. 책에 글자보다 숫자나 도
형이 더 많으니 숫자나 도형을 싫어하는 사람은 교과서를 보고 싶
은 마음조차 생기지 않습니다.

교육부가 발표한 '2018년 국가수준 학업성취도 평가 결과'에

따르면 수학의 기초적인 개념조차 숙지하지 못한 기초미달 학생 비율은 11.1%입니다. 중학생 10명 중에 1명은 수업을 전혀 따라오지 못하고 실제로 수학을 포기한 '수포자'의 비율은 훨씬 더 높을 것으로 보입니다. 여기서 정말 문제는 힘든 마음에 수학을 포기하면 학원을 다녀도 원하는 대학교를 진학하기는 어렵다는 점입니다. 2022학년도 수능에서는 수학 과목의 문과와 이과 구분이 폐지됩니다. 수학Ⅰ, 수학Ⅱ는 공통 부분이고 확률과 통계, 미적분, 기하는 선택과목이 됩니다. 말이 선택이지 통계와 확률보다 어려운 기하를 선택하면 가산점을 받을 확률이 높을 것으로 예상됩니다. 즉 수학을 쉽게 공부하면 원하는 대학 진학이 어려워진다는 이야기입니다.

수학이 정말 중요한 이유는 단순히 과목 중 하나의 의미를 넘어서 사고력과 계산력의 신장에까지 영향을 미치기 때문입니다. 그래서 수학을 포기하면 다른 과목에까지 영향을 미치게 되고 학원을 다녀도 성적이 오르지 않는 결과를 낳습니다.

수학 선행학습, 약일까 독일까?

수학은 어려운 만큼 대부분 선행학습을 진행합니다. 아이뿐만 아니라 엄마에게도 많은 고민을 안겨주는 과목이기 때문에 아이가 태어나기도 전부터 수학 태교를 시작하는 경우가 있을 정도입니다. 대한민국이 수학을 얼마나 무서워하는지 보여주는 대표적인 예입니다. 수학 선행교육은 효과가 확실히 있을까요? 없지는 않아 보입니다. 분명 수학을 먼저 접한다는 사실이 아이에게 적응력을 부여하기는 합니다.

하지만 유의해야 할 부분도 있습니다. 학원에 가만히 앉아서 수업만 듣고 있으면 노력하지 않아도 선생님이 문제의 풀이 과정을 알려주기 때문에 스스로 고민할 필요가 없다는 것입니다. 초등학교 때는 아이가 주도적으로 고민하지 않고 학원에서 알려주는 공식을 성실하게 암기만 해도 좋은 성적을 받을 수 있습니다. 그래서 학교 수업을 집중해서 듣지 않아도 나쁘지 않은 성적을 받을 수 있습니다.

수학은 다른 과목과는 달리 문제를 해결하기 위해서는 공식을 알아야 합니다. 그 공식을 학원에서 배우고 오면 학교 선생님의 수업은 아는 이야기를 또 한 번 듣게 되는 나름 복습을 하는 시간이 됩니다. 문제는 암기만으로 수학 문제를 풀 수 없는 시기에 맞닥뜨렸을 때입니다.

중학교에 진학하면 초등학교 때 학원에서 배운 식으로 공식을 암기해서 문제를 푸는 방법만 사용하기에는 문제의 변형 정도가 심해지고 난이도가 높아집니다. 아이들은 멘붕에 빠지게 됩니다. 그리고 이 멘붕 상태에서 헤어나오지 못하면 수포자로 전락하고 말게 됩니다. 수학 성적을 올리기 위해 지금 당장 학원을 다니는 것이 능사는 아닌 것처럼 보입니다.

시대의 변화도 우리 아이가 수학 공부를 하지 않게 만듭니다.

사실 우리는 직접 머리로 계산하지 않아도 되는 시대를 살고 있습니다. 필요한 지식과 정보는 이제 스마트폰을 통해서 충분히 접할 수 있습니다. 학교 시험에서 휴대폰을 사용할 수 있게 해준다면 대부분의 아이들이 인터넷 검색을 통해 수학 공식을 찾아내고 대입해서 문제를 금방 풀어낼지도 모릅니다.

즉 지금 배우는 수학 공부가 시험을 위한 것일 뿐, 실생활에서 필요 없는 과목이라는 생각을 많은 학생들이 하고 있습니다. 수학은 단순히 복잡한 계산을 하는 과목이라는 생각을 갖고 있는 것이죠. 정말 수학과 가까워질 수 있는 방법은 없는 것일까요?

수학은 아이가 직접 풀어야 합니다. 학원에서 선생님이 알려주는 문제 풀이 과정을 보면 나도 충분히 풀 수 있을 것 같은 자신감이 생깁니다. 쉽게 공식을 암기하는 방법까지 알려주셨거든요. 그래서 문제풀이 방식을 눈으로만 살펴보고 실제로 본인은 그 문제를 직접 풀지 않습니다. 그렇게 시간이 흘러 시험 기간이 다가와서 문제를 다시 풀어보면 쉬운 문제는 암기한 내용을 통해 풀어내지만 난이도가 있는 문제는 손을 대지 못합니다. 학원을 다니며 분명히 공부를 하긴 했는데 막상 스스로 펜을 잡고 고민하면서 문제풀이를 해본 적은 많지 않은 것이죠.

예를 들어, '사과를 세 개씩, 세 번 샀을 때, 총 몇 개를 샀는지'에 대한 문제를 만났습니다. 평소에 학원에서 배운 단순 구구단 암기 능력으로 문제를 풀었던 아이는 '3×3 = 9'를 활용하여 문제풀이를 끝냅니다. 하지만 9단을 넘어가는 11단, 12단이 필요한 문제를 만나면 어려움에 봉착합니다. 암기하지 못했거든요. 반면에 스스로 문제를 풀면서 사고력을 신장시킨 아이는 '사과가 처음에는 세 개, 두 번째에는 여섯 개, 세 번째에는 아홉 개가 되었네.'라고 이해하는 과정을 거칩니다. 사과가 100개가 되고 100번을 사도 단순 암기를 통해 문제를 풀지 않았기 때문에 정답을 맞출 확률이 높아집니다.

수학은 스스로 문제 풀이를 하지 않으면 지금 당장 학원을 간다 해도 점수를 올리기 어려운 과목입니다. 그래서 많은 엄마들이 '왜 학원을 다니는데도 우리 아이는 수학 점수가 오르지 않지?'라는 의문을 갖게 됩니다. 수학만큼 문제를 여러 방법으로 해결할 수 있는 과목이 없습니다. 끙끙대면서 문제를 한번 풀어봐야 해요. 이 과정을 통해 어려운 문제의 정답을 맞힌 후의 쾌감을 느껴봐야 합니다.

아이가 수학을 포기했나요? 그럼 우선 지금 펜을 잡고 1년 전에 배웠던 가장 쉬운 문제부터 다시 풀게 해보세요. 수학에 대한 흥미와 문제에 쏟은 시간은 정비례합니다.

국어를 잘하면
다 잘하게 돼요

대부분의 학생들이 학원을 다니면서 '영어와 수학'을 공부합니다. 내신에서도 가장 중요한 비중을 차지하고 수능시험에서도 이 두 과목이 갖는 존재감은 대단합니다. 그래서 초등학교 때부터 사교육비를 많이 잡아먹는 과목이기도 합니다.

아이의 영어와 수학 점수가 떨어지면 엄마는 민감하게 반응합니다. 학원을 다니지 않고 있던 학생들도 이 두 과목으로 인해 학원을 다니기 시작하게 됩니다. 그런데 아무리 학원을 다녀도 영어와 수학 점수가 정체되는 시기가 옵니다. 소위 말하는 '학원빨'이 더 이상 먹히지 않는 것인데요. 왜 이런 일이 벌어질까요?

영어와 수학에 집중하느라 국어를 소홀히 하면 분명 문제가 생기는 시기가 발생합니다. 국어는 희한하게 본인이 마음만 먹으면 점수를 충분히 올릴 수 있다는 근자감을 만들어주는 과목입니다. 사실 그렇잖아요? 지금 이 책을 읽고 있는 엄마들 중에 국어를 어려워하는 분이 누가 있습니까? 일상생활에서도 계속 한국어를 사용하고 영어처럼 모르는 문법이 있는 것도 아니고 우리가 수학처럼 개념과 원리를 이용하여 말을 하는 것도 아닙니다.

그러나 막상 공부를 하면 점수를 올리기 쉽지 않은 과목이 국어입니다. 하지만 수학처럼 포기하지는 않습니다. 문제를 읽을 수도 있고 답을 찾으려는 노력도 할 수 있으니까요. 그래서 '국포자'라는 단어가 생기지만 않았을 뿐이지 노력을 해도 국어 성적이 오르지 않는 아이가 많습니다. 성적이 오르지도 내려가지도 않는 국어라는 녀석을 어떻게 해야 할까요?

국어는 단순히 시나 소설을 읽고 문제에서 제시하는 보기의 답을 찾는 의미만을 가진 과목이 아닙니다. 우리는 일상생활에서 대부분 어떤 언어로 쓰인 책을 읽나요? 한국어입니다. 그리고 복잡한 일이 있을 때, 생각을 노트에 정리할 때, 어떤 언어를 사용하나요? 한국어입니다.

우리가 생활하는 모든 것의 기초에는 국어가 밑바탕이 되어 있습니다. 아이에게 수학 문제를 풀다가 공식을 몰라서가 아니라 문제를 이해하지 못해서 풀지 못했다는 이야기를 듣는 경우가 종종 있습니다. 이는 수학적 실력이 부족한 것일까요? 국어적 능력이 부족한 것은 아닐까요?

국어는 이해력

국어 실력이 좋은 학생은 이해력이 좋습니다. 국어를 잘하면 영어도 잘한다는 사실을 알고 계시죠? 영어 1등급이 나오는 학생 중에는 국어 1등급이 나오지 않는 학생들이 꽤 있습니다. 하지만 국어 1등급이 나오는 학생들 중에 영어 1등급이 아닌 학생들은 많지 않습니다. 어떤 이유일까요? 영어는 공부할 때, 문법을 공부하고 단어를 암기합니다. 국어는 다릅니다. 특별히 어려운 단어를 제외하고는 암기할 필요가 없고 영어처럼 문법을 공부하지도 않습니다. 글의 구조를 파악하고 문장이 내포하고 있는 의미를 추론하는 능력을 키워가며 이해력을 증진시킵니다. 그리고 이 능력은 언어가 바뀐다고 해서 사라지지 않습니다. 이해력이 좋으면 글의 전체적인 부분을 살펴볼 수 있는 능력이 뛰어나기 때문에 빈칸 추론이나 문장 삽입 등의 문제를 더 수월하게 풀어냅니다. 영어에도 적용되는 부분이죠.

이해력이 부족하면 시험 문제의 난이도가 올라갈수록 어려움에 봉착하게 됩니다. 문제가 원하는 바를 정확하게 파악하기 어렵기 때문입니다. 이는 출제자의 의도와는 다르게 문제를 해석하게 만듭니다. 시험에서 고득점을 받는 학생들은 '왜 이 문제가 나왔느냐'를 빨리 파악합니다. 아무리 시험 준비를 철저히 했어도 내용은 알고 있으나 답을 적지 못한다면 공부를 하지 않은 것과 다를 바가 없잖아요. 그래서 평소 국어 공부를 꾸준히 하면 과목과 상관없이 문제가 의미하는 바를 빨리 알아차릴 수 있습니다.

글을 이해하는 데 가장 중요한 능력은 무엇일까요? 한국말을 '제대로 읽는 능력'입니다. 내용을 '객관적으로 파악하는 힘', 요즘 소위 말하는 '팩트를 찾아내는 능력'이 필요합니다. '있는 그대로의 내용을 파악하는 것은 그냥 읽기만 해도 가능한 것 아닌가?'라고 생각할 수도 있습니다. 하지만 막상 누군가 나에게 '오늘 아침에 읽은 신문 기사를 육하원칙에 따라 정리하세요.'라고 한다면 '언제, 어디서, 누가, 무엇을, 어떻게, 왜'에 대해 정확하게 정리하는 일은 생각만큼 쉽지 않습니다. 오늘 아이에게 '하루 일과'에 대해서 질문해보세요. 일목요연하게 정리해서 말하는 아이가 있는 반면에 무엇부터 말해야 할지 몰라 망설이는 아이도 있습니다. 실제로 있었던 일에 대한 생각을 복기하면서 상대방에게 객관적으로 알려주는 과정은 생각보다 쉽지 않습니다.

아이의 국어 시험지에서 틀린 문제를 본 적이 있으신가요? 틀린 문제를 모아서 보면 분명 취약점이 발견됩니다. 취약한 부분이 파악되면 정말 몰라서 틀렸는지, 아니면 문제에서 요구하는 바를 알아채지 못해서 틀렸는지 정리가 됩니다. 예를 들어 문제에서는 시간을 묻고 있는데 답은 장소를 적는 학생들이 있습니다. 상상이 잘 안 되시죠? 그런데 분명히 있습니다. 글을 전체적으로 파악하여 이해하는 능력이 떨어지면 화자가 강조하고 싶은 내용을 잘못 이해하게 됩니다.

영어 공부를 하다가 모르는 단어가 나오면 사전을 찾아보는데 국어 공부를 하다가 모르는 단어가 나오면 대부분 그냥 건너뛰지 않나요? 한국말을 뭘 굳이 사전까지 찾아보냐는 마음과 이 단어 정도 몰라도 전체 문맥을 파악하는 데 큰 어려움이 없다는 자신감이 합쳐져서 만드는 결과물입니다. 이렇게 국어는 만만한 과목입니다. 국어 공부를 하지 않아도 실생활에서 한국말을 하면서 살아가는 데 아무런 불편함이 없기도 합니다. 그런데 저도 한글로 이 책을 쓰지만 몇 번의 퇴고 작업을 거치고 조금 더 상황에 알맞은 어휘를 사용하기 위해 국어사전을 찾아봅니다. 앞뒤 문장의 순서를 바꿔보기도 하고 종결형을 의문형으로 수정해보기도 합니다. 이렇게 하면 글이 한결 부드러워집니다.

국어 공부를 하면 단순히 학교 성적만 올라가는 것은 아닌 듯합니다. 우린 누군가와 끊임없이 한국어로 대화를 하잖아요. SNS에 글을 쓸 때도 한글을 사용하고요. 매일 국어와 붙어 있어야 합니다. 이왕에 사용하는 모국어라면 조금만 더 공부해서 더 예쁘고 멋지게 사용하면 좋지 않을까요? 그리고 국어는 모든 과목의 기초입니다. 기초가 무너지면 제아무리 학원이라도 쉽게 도와주지 못합니다.

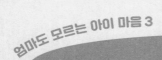

엄마 간섭이 너무 심해요

선생님   지원 양, 반가워요. 요즘 공부 때문에 고민이 있다던데?

지원   엄마 때문에 매일매일 열을 받아요. 공부는 제가 해야 되는데, 공부 시간표는 엄마가 짜는 게 말이 되나요?

선생님   엄마는 그래서 오히려 지원 양의 학습 계획에 대한 부담감이 줄 어들었다고 하던데 아닌가 보네요?

지원   엄마가 복습시간, 문제집, 읽어야 할 책들까지 모든 걸 정해요. 저는 그냥 시키는 대로 하기만 하라는 거예요.

선생님   엄마에게 본인이 정하겠다고 이야기해본 적 있나요?

지원   당연하죠. 하지만 엄마는 그냥 말로만 알았다고 해요.

선생님   그럼 지금 공부는 억지로 하고 있는 거예요? 엄마가 정해준 계 획에 맞춰서?

지원   제가 스스로 공부를 하는 건지, 엄마를 위해서 공부를 하는 건 지, 저도 잘 모르겠어요.

선생님 그럼 스스로 계획을 짜고 공부할 자신은 있나요?

지원 해본 적이 없어서 모르겠어요. 맨날 엄마가 시키는 대로만 해서……

선생님 엄마는 분명 지금 행동이 다 지원 양을 위한 것이라 생각할 거예요. 한번 스스로 하는 모습을 먼저 보여주는 것은 어때요?

지원 엄마가 어차피 무시하지 않을까요?

선생님 알고 보면 이 세상에서 엄마만큼 자녀의 말을 잘 들어주는 사람도 없어요. 일단 말을 해보세요. 세상 모든 일은 시작이 있어야 하니까요.

선생님의 조언

스스로 할 기회를 주세요

학교 시험에 학원 숙제에 수행평가에 우리 아이들, 해야 할 것들이 너무 많죠? 그래서 점점 엄마가 직접 더 깊게 아이의 공부와 과제에 개입하게 됩니다. 엄마는 아이를 도와주겠다는 마음으로 시작하지만 오히려 이를 부담으로 느끼는 친구들도 있습니다. 엄마들도 집안 살림에 누군가 너무 깊게 관여하면 때론 부담되지 않나요? 이런 광고 문구가 생각나네요.

'자신의 일을 스스로 하자~'

"

다 아이 잘되라고 하는 말이죠. 이게 어디 제가 좋아서 하는 건가요?

"

간섭이라니?
관심이라고! ✏

      학원을 다녀도 아이가 성적이 오르지 않으면 대부분 문제를 아이에게서 찾으려고 합니다. 아이가 학원에서 열심히 공부를 하지 않는 것은 아닌지, 복습은 제대로 하고 있는 것인지 등 걱정거리가 한두 가지가 아닙니다. 하지만 정말 모든 문제가 아이에게만 있을까요?

      아이와의 갈등은 누구에게나 찾아옵니다. 아이가 커갈수록 왜 엄마와 마찰을 겪는 것일까요? 그리고 왜 아이들은 중 2가 되면 그 어떤 것보다도 무서운 존재가 되어버리는 것일까요? 이는 대한민국 교육의 어쩔 수 없는 현실과도 맞물려 있습니다.

      초등학교는 중학교보다 공부에 대한 스트레스를 덜 받습니다. 대학 입학과 멀리 떨어져 있기 때문이죠. 그래서 엄마의 잔소리가 심하지 않습니다. 하지만 아이가 한 해, 한 해 커갈수록 조금씩 변화가 생깁니다. 초등학생 때는 대부분의 학생들이 집 근처에 있는 중학교에 가지만 고등학교는 공부를 잘하는 학생과 그렇지 못한 학생들이 진학하는 학교에서 차이가 나기 시작합니다. 이런 현실 속에서 아이는 더욱 민감해질 수밖에 없고 엄마와 엇박자를 내기 시작합니다.

다 너 좋으라고……

"다 아이 잘되라고 하는 말이죠. 이게 어디 제가 좋아서 하는 건가요?"

대한민국 엄마들이 많이 하는 말입니다. 분명 결정은 엄마가 내렸는데 이유는 아이를 위해서라고 이야기합니다. 아이가 학교 수업이 끝나고 지친 몸과 마음을 이끌고 학원을 가는 것도, 밤늦게 까지 잠도 못 자고 책을 붙잡고 있는 것도 아이를 위한 시간이라고 생각합니다.

상대방을 위한 나의 행동이 정말 도움이 되는지 아닌지는 사실 상대방이 결정할 몫입니다. 회사에 다닌다면 하루 종일 일을 하고 6시가 넘으면 피곤해지잖아요. 그런데 상사가 너무나 좋은 교육이 있다며 나한테 상의도 없이 저녁 7시 교육을 신청해버립니다. 그리고 상사는 진심으로 부하 직원에게 좋은 교육을 추천해 줬다는 뿌듯함을 느낍니다. 나는 그날 저녁에 중요한 약속이 있는데 말이죠. 아무리 좋은 의도가 있다고 해도 상대방이 원하지 않으면 그만입니다.

엄마와 아이는 왜 서로를 이해하지 못할까요? 혹시 위와 같이 엄마가 일방적인 배려를 하고 있지는 않나요? 아이에게 상의 한마디 없이 말이죠. '내가 좋아하면 내 아이도 좋아한다.'라는 마음은 일종의 엄마의 자존심과도 연결되어 있습니다. 아직 아이보다 엄마의 생각이 더 옳다고 믿기 때문에 아이의 의견이 더 좋아도 인정하고 싶지 않은 마음이 생깁니다. 사람은 누구나 본인의 자존심을 다치지 않고 싶어 합니다. 그래서 누군가에게 지기 싫어하고 이는 배려의 부족으로까지 이어지기도 합니다.

사실 엄마를 싫어하는 아이와 아이를 미워하는 엄마는 일반적인 경우에서는 찾아보기 힘듭니다. 서로 간의 오해와 자존심 때문에 잘못된 표현을 하는 것뿐이죠. 엄마도 아이가 잘되길 바라는 마음에서 조언을 해주고 아이 역시 엄마 속을 썩이지 않으려 노력합니다. 대부분 마찰은 단순한 생각의 차이에서 발생할 뿐입니다.

> 엄마 "우리 딸, 열심히 공부하느라 배고플 텐데 우유라도 갖다 줄까?"
>
> 아이 "엄마, 나 졸려서 그런데 커피 좀 줄 수 있어요?"
>
> 엄마 "커피는 몸에도 안 좋고 어린 아이가 무슨 커피니?"
>
> 아이 "나 너무 잠이 와서 그래요. 지금 배가 고프지도 않고요."
>
> 엄마 "커피는 별로 몸에 안 좋아. 안 마시는 게 좋겠어."

대화가 종료됩니다. 엄마는 딸을 위해서 우유를 준비해주려 했을 뿐이고 아이는 우유보다 커피가 마시고 싶어서 본인의 의견을 말했을 뿐입니다. 하지만 엄마는 속으로 '본인의 건강을 챙겨주려 해도 저런다.'라고 생각하고 아이는 '엄마는 내가 하고 싶은 대로 하지 못하게 한다.'라고 결론을 내립니다.

관심과 간섭 그 애매한 차이

관심과 간섭은 아주 미묘한 차이입니다. 부모의 관심이 때로는 아이에게 간섭처럼 느껴질 때가 있습니다. 아이가 커피를 마시고 싶어 하면 엄마는 갖다 주면 그것으로 모든 게 끝입니다. 엄마는 아이가 원하는 것을 주었고 아이 역시 본인의 의견을 엄마가 받아주어 기분이 좋아집니다. 하지만 왜 이렇게 해피엔딩으로 끝나지 못할까요?

'아이에 대한 걱정' 때문이죠. 아이가 아프든 말든 관심을 가질 필요가 없는 존재라면 엄마는 쉽게 커피를 내주면 되지만 아끼고 사랑하는 존재이기 때문에 단순히 원하는 것을 전달해주는 역할보다 진정으로 걱정을 해주는 역할이 선행됩니다. 아이에 대한 애정 때문에 생기지 않아도 될 문제가 생겨버리는 것이죠. 생각해보면 그 누구의 잘못도 아닙니다. 서로가 서로를 아끼는 마음 때문에 벌어지는 현상인 것을요.

엄마에게 아이는 늘 염려스러운 존재입니다. 그래서 계속 챙겨줘야 할 것 같은 마음이 들고요. 하지만 엄마의 반복적인 이런 행동이 때로는 아이를 지치게 만들기도 합니다. 왜냐하면 아이는 시간이 지날수록 스스로 결정을 하고 싶어 하기 때문입니다. 혼자서 할 수 있는 부분도 많아지고 본인이 원하는 것을 결정하고 싶은 마음은 늘어만 가는데 엄마가 나를 대하는 모습은 예나 지금이나 변함이 없는 거예요. 아이는 성장하고 있는데 말이죠. 가끔은 옆에서 손을 잡고 걸어주는 것보다 조금 뒤에 떨어져서 지켜봐주는 것이 더 안정감을 주는 경우도 있습니다. 무슨 일이 생기면 바로 달려갈 수 있는 정도에서 말이죠.

아이가 첫째라면 엄마도 지금 겪는 상황이 처음입니다. 정답을 모르는 상태입니다. 어쩌면 정답이 없는데 정답을 찾는 중일 수도 있습니다. 사람 마음이 그렇잖아요. 싫어지면 서로의 단점만 보입니다. 한번 마음이 멀어지면 그 사람이 나에게 잘해줘도 더 싫어지기도 합니다. 이미 내 마음속에서 '저 사람은 내가 싫어하는 사람이다.'라는 생각이 자리 잡고 있는 것이죠. 이러한 마음은 전혀 문제 될 것 없는 상황을 문제 상황으로 만들기도 합니다.

아이가 방에서 열심히 공부하고 있습니다. 집중해서 공부해야 하므로 당연히 방문은 닫혀 있겠죠. 닫힌 방문을 보며 엄마는 생각합니다.

'내가 시험 성적 갖고 몇 마디 좀 했다고 방문 닫고 혼자 방에 있는 것 좀 봐.'

엄마는 화가 나기 시작합니다, 하지만 실제로 방 안에서 아이는 수학 공부를 열심히 하고 있을 뿐입니다.

미워하는 마음은 서로에 대한 불신을 만듭니다. 그리고 같은 시각, 같은 장소에서 벌어지는 상황에 대해서도 각자 다른 생각을 하기 시작합니다. 서로 대화도 줄어들기 때문에 오해가 생겨도 풀 수 있는 방법도 없어집니다.

헉! 이성친구?

그리고 오해가 정점에 다다르는 시기가 있는데요. 아이에게 이성친구가 생겼을 때입니다. 대한민국은 특히나 자녀의 이성친구에게 굉장히 민감합니다. "이성친구는 대학에 가서 사귀는 거야."가 보편적으로 엄마가 자녀에게 하는 말이죠. 그도 그럴 것이 우리들도 해봐서 알잖아요? 이성친구가 사랑이라는 감정에 대해서 배울 수 있는 기회는 주지만 공부에는 큰 도움이 되질 못한다는 것을요.

단순히 학교 성적만을 걱정해서 이성친구에 대해 조심스러운 접근이 필요한 것은 아닙니다. 우리나라는 보수적이잖아요. 교복을 입고 마음대로 데이트를 할 수 있는 장소가 마땅치 않습니다. 청소년들이 개방된 장소에서 데이트를 즐기지 못하는 상황입니다. 주위의 시선이 따가운 정도는 아니어도 걱정하는 부분들이 있다는 것을 알기 때문에 점점 타인의 시선을 피하게 됩니다.

엄마는 '올바른 성'에 대한 자녀의 가치관 부분을 걱정합니다. 아직 성인이 되지 않은 자녀가 한 순간의 잘못된 선택으로 평생의 오점으로 남을 만한 행동을 저지를 수도 있기 때문입니다. 청소년 자녀에게 이성친구가 생기면 엄마가 걱정해야 할 부분이 여러 모로 많아집니다. 그래서 엄마는 걱정할 부분을 한 가지라도 덜고 싶은 마음이 생기는 것 같기도 합니다. 이는 공부를 위해서 아이에게 이성친구를 포기하라고 강요하는 현상으로 이어지기도 합니다.

이성친구의 장점

하지만 이성친구가 주는 장점도 분명히 있습니다. 건전하게 이성친구를 사귀는 학생들을 보면 또래에 비해 성숙한 모습을 보입니다. 10대 시절은 끊임없이 성장하는 시절입니다. 자신이 누구인지 찾아가는 시기에 나를 진심으로 아껴주고 본인 또한 누군가를 위해 조건 없는 사랑을 줄 수 있는 상대를 만나는 과정 자체가 아이에게 나쁘지 않습니다.

제 자신을 돌이켜보면 제가 아이를 낳아 기르기 전까지는 '부모의 역할'에 대해 진지하게 생각해본 적이 없는 것 같습니다. 그래서 부모님의 마음을 헤아리기가 어려웠습니다. 우리 아이들도 마찬가지이지 않을까요? 엄마의 마음을 모를 가능성이 높습니다. 본인이 엄마가 되기 전까진 말이죠. 이성친구 문제에 지나치게 간섭하는 엄마를 이해하기도 쉽지 않고요. 그런데 어쩔 수 없잖아요. 우리도 부모가 되고 나서야 깨달은 것을요. 아이가 건전하고 떳떳한 만남을 이어갈 수 있도록 공개적으로 응원해주는 편이 올바른 선택일 수도 있습니다.

엄마와 아이와의 관계에서 주도권은 엄마가 잡고 있어야 합니다. 엄마가 더 어른이잖아요. 하지만 주도권을 갖는 것이지 아이보다 높은 위치에 있는 것은 아닙니다. 아이도 본인의 생각을 말하고 엄마는 또한 들어줄 수 있어야 합니다.

중학생이 되면 엄마가 본인에게 도움이 되는 말을 해주는 것도 싫어하는 아이들이 생겨납니다. 부모의 입장에서는 억울하지만 어쩔 수 없습니다. 이제는 사춘기도 점점 빨라지잖아요. 아이를 완벽하게 이해하려는 마음이 역효과를 불러일으키는 때도 있습니다. 아이를 있는 그대로 한번 바라보는 것은 어떨까요? 잘못된 방향으로 가고 있진 않은지 살펴보는 정도로만요. 지나친 걱정은 오히려 자녀가 공부에 대한 관심을 멀리하도록 만들 수도 있습니다.

애가 무슨
스트레스?

　　아이가 요즘 스트레스를 받는 일이 많아 공부를 할 수 없다고 하면 "쪼그만 게 무슨 스트레스야! 공부하기 싫다고 꾀쓰지 마라."라고 말한 경우는 없으셨나요? 그런데 만약 아이의 말이 사실이라면 어떨까요?

　　우리 몸에는 열정과 행복한 느낌을 생성하여 정서적 안정감을 선물해주는 호르몬인 '세로토닌'이 있습니다. 세로토닌은 스트레스는 물론이고 수면과 식욕, 위의 운동에까지 영향을 미치는데요. 우리가 심한 스트레스를 받으면 밥맛도 없고 밤에 쉽게 잠들지도 못하잖아요? 기분 탓이 아니라 실제로 신체에 변화가 생겨서 발생되는 현상입니다. 스트레스나 불안이 계속되면 뇌 속에서는 기쁨을 억누르는 반응이 발생해 세로토닌 분비의 저하가 나타납니다.

　　세로토닌이 부족하면 아이의 뇌에서 기억력을 담당하는 '해마'에까지 악영향을 미치게 됩니다. 스트레스와 우울한 기분은 해마의 기능을 쇠퇴시켜 공부를 해도 기억에 잘 남지 않는 현상이 벌어지는 것이죠. 또한 아이의 감정에도 영향을 미쳐 아이가 아침에는 기분이 좋았다가 점심에는 학교에서 기분이 좋지 않았다가 저녁에 학원을 가면 우울증을 느끼는 일명 '다중이' 증상을 만들 수도 있습니다.

미국 위스콘신 대학교 연구팀에 의하면 스트레스를 많이 받는 아이들은 전두엽의 백질과 회백질의 부피가 작다고 합니다. 백질은 뇌의 각 부위를 연결해주는 통신망 같은 역할을 하고 회백질은 우리 뇌의 연산 작업을 통해 정보처리가 이루어지게 도와주는 곳입니다. 즉 스트레스를 받으면 공부를 잘하게 도와주는 곳의 크기가 줄어들며 우리의 두뇌 활동량은 저조해집니다. 스트레스가 우리 아이의 공부에 분명히 악영향을 미칩니다.

엄마도 학교 다닐 때 분명히 고민거리와 스트레스가 있었습니다. 그런데 시간이 지나고 나니 큰 일이 아니었던 부분도 꽤 있습니다. 그래서 지금 아이의 스트레스를 심각하게 바라보지 않는 경향이 있습니다. 단순히 어린아이의 투정 정도로 보고 있는 것이죠. 오히려 아이에게 열심히 공부하면 스트레스 받을 시간이 없다고 말하는 경우도 있습니다. '어떻게' 하면 스트레스를 극복할 수 있을지보다 학업에 지장받지 않도록 최대한 '빨리' 스트레스를 극복해야겠다는 데 초점을 맞추는 것이죠.

이런 상황은 아이에게 또 다른 스트레스로 다가올 수 있습니다. 아이의 스트레스는 당연한 것이 아닙니다. 극복해야 하는 문제입니다. 아이는 스트레스가 폭발할 지경인데 학원에 가서 수업을 듣는다고 해서 집중이 될 리가 없습니다. 어떻게 하면 아이의 스트레스를 해소시키는 데 엄마가 도움을 줄 수 있을까요?

재촉 금지

첫째, 아이를 조급하게 만들지 마세요.

사람은 먼 미래의 일보다 눈앞의 일에 더 신경을 씁니다. 만약 6개월만 참고 공부하면 아이의 수학 성적이 오를 수 있다는 보장이 있다고 해도 엄마는 반 년이라는 시간을 단순한 기대감만으로 기다리기엔 불안합니다. 바로 성과가 나타나길 원하죠. 학원을 등록하고 처음 본 시험에서 성적이 오르지 않으면 엄마의 마음은 조급해집니다. 얼마짜리 학원인데 시험 성적이 이 모양인지, 정말 내 아이는 수포자로 전락할 수밖에 없는 것인지 고민에 빠집니다.

엄마는 고민을 혼자 한다고 생각하지만 아이도 이미 다 눈치채고 있습니다. 많은 엄마가 자녀의 마음을 꿰뚫어 보고 있다고 생각하잖아요. 그런데 사실 엄마가 아이 마음을 아는 것보다 아이가 엄마 마음을 정확하게 읽는 경우가 더 많습니다.

평소에 엄마가 아이의 의견대로 움직이는 경우보다 아이가 엄마의 의견대로 움직이는 경우가 많잖아요. 의견을 주는 사람보다 의견을 받는 사람이 상대방의 눈치를 더 보기 마련이죠. 그래서인지 아이가 엄마의 마음을 읽는 능력은 무시할 수준이 아닙니다.

너무 조급해하지 마세요. 엄마의 조급한 마음은 분명 아이에게 스트레스로 전달됩니다. 지금은 불안해도 시간이 조금만 더 지나면 아이가 멋지게 해낼 수도 있습니다. 오늘에 집착하면 내일을 바라보지 못하고 오늘 안에 갇혀 살 가능성이 높아집니다.

믿어주기

둘째, 지금 잘하고 있는 아이를 믿어주세요.

어느 학교나 꼭 완벽해 보이는 학생들이 있습니다. 전교 회장에 공부도 잘하는데 심지어 외모까지 뛰어납니다. 이런 학생들은 고민이 없고 스트레스가 없을까요?

간혹 성적이 수직으로 상승하는 친구들도 만날 수 있습니다. 여름방학 전에는 분명 우리 아이보다 성적이 밑이었는데 개학 후에 몰라보게 다른 모습으로 나타나는 것이죠. 남들이 볼 때는 마냥 행복해 보이지만 이 친구야말로 가장 큰 스트레스를 받고 있습니다. 성적이 언제 떨어질지 모른다는 불안감 때문입니다.

지금 원하는 성과를 올리는 친구들도 더 큰 목표를 이뤄야 한다는 생각 때문에 스트레스를 받습니다. 지금 아이의 성적에 만족하지 못하는 마음은 '엄마의 기대치' 때문에 생겼을 수도 있습니다. 아이는 아무렇지도 않은데 엄마만 애가 타는 것이죠.

많은 엄마들이 아이가 스트레스를 받는 이유는 '아이 스스로 스트레스의 완급 조절을 하지 못해서'라고 생각합니다. 엄마는 본인이 원인이라고 전혀 생각하지 못하는 것이죠. '왜 공부하지 않냐'고 소리치며 물은 적도 없고 지금까지 아이에게 얼마나 잘해주었는데요. 그래도 혹시나 지금 아이가 충분히 잘하고 있음에도 불구하고 계속 더 높은 곳으로 올라가길 바라는 엄마의 마음이 아이에게 보인 적은 없는지 살펴봐주세요.

대신 금지

셋째, 아이의 일을 대신 해주지 마세요.

요즘 아이들은 신경 쓸 부분도 많고 해야 할 일도 많습니다. 공부는 물론이고 친구 관계도 신경 써야 하고 학교 시험도 예전의 지필고사 방식에서 수행평가로 흐름이 변경되며 사실상 매일 시험을 보고 있다고 해도 과언이 아닙니다. 아이의 스트레스는 점점 커지고 있습니다.

그래서 엄마는 조금이라도 도움을 주려고 노력을 합니다. 아이가 학교에서 어려운 숙제를 받아와 엄마에게 도움을 구합니다. 이런 경우 어떻게 대처하는 편인가요?

A
숙제가 너무 어렵네.
요즘은 숙제도 평가에 포함되잖아.
안 되겠다. 괜히 스트레스 받지
않게 애한테 다른 공부하라고 하고
내가 해줘야지.

B
정말 어려운 숙제네.
내가 옆에서 도움을 많이 줘야겠어.
아이에게 먼저 해결할 수 있는 부분까지
직접 하도록 지도하고 모르는 부분은
같이 살펴봐야겠다.

어떤 방법이 아이에게 더 도움을 줄 수 있을지 우리는 알고 있습니다. 하지만 어려운 숙제에 또 스트레스를 받을 아이를 생각하면 안타까운 마음에 머리로는 B를 선택하지만 실제로는 A처럼 행동하는 엄마도 많습니다. 성적에 반영되는 숙제를 그냥 간과할 수는 없거든요.

이런 상황이 반복될수록 엄마에 대한 아이의 의존도는 높아집니다. 어려운 숙제는 당연히 엄마가 해준다는 생각도 어느 새 자리 잡게 됩니다. 엄마만 아이에게 기대하는 부분이 있는 것은 아닙니다. 아이 역시 본인의 역할을 대신하는 엄마에 대한 기대치를 높여갑니다. 그리고 조금이라도 기대치에 미치지 못하는 경우가 발생하면 실망하고 오히려 도움을 준 엄마 때문에 스트레스를 받게 됩니다.

참 아이러니하죠? 아이의 스트레스를 줄여주기 위해 엄마가 숙제를 대신 해가며 도와주는데 오히려 아이의 스트레스 지수는 높아만 갑니다. 엄마의 실수가 곧 본인의 실수이기 때문입니다. 아이의 역할은 아이가 해야 합니다. 스스로 해보고 부딪히고 실수도 하면서 깨달음을 얻게 됩니다. 이를 통해 도전하지 않고 막연한 불안감만 안고 있을 때보다 오히려 스트레스를 줄일 수 있습니다.

관심은 적당히

넷째, 지나친 관심을 보여주지 마세요.

스트레스를 주는 요인이 있으면 우리는 자동적으로 그 요인을 멀리하거나 아예 부딪히지 않기 위해 피하게 되잖아요.

자기 나름대로 열심히 공부를 했는데도 성적이 오르지 않았을 때, 아이에게 관심이 많은 엄마일수록 더 구체적이고 자세하게 아이에게 조언을 할 가능성이 높습니다. 하지만 안 그래도 성적이 나빠 기분이 좋지 않은 아이에게는 잔소리로 다가올 수도 있습니다.

조언도 적절한 시기가 필요한 법입니다. 아이가 우울한 상태에서 '나는 이 잔소리를 이겨내고 더 열심히 공부해서 꼭 성적을 올려야지!'라고 생각하는 경우는 드뭅니다. 오히려 공부를 멀리하게 되고 부모와의 대화 시간을 피하게 됩니다. 오히려 엄마의 관심이 부작용으로 나타나는 순간입니다.

이런 경우가 있습니다. 회사에서 상사가 나에게 갑자기 "유대리, 다음 달부터 글쓰기 수업을 다녔으면 좋겠어. 분명 업무에 도움이 될 거야."라고 말을 합니다. 소리치지도 않았고요. 말투도 굉장히 상냥합니다. 그러면 유 대리는 '아, 우리 부장님은 나를 위해 정말 많은 배려를 하시는구나. 나의 글쓰는 능력까지 신경을 써주고 계셔.'라고 생각하게 될까요? 아마, 아닐 거예요. '나의 문서 작성 능력에 문제가 있나? 왜 갑자기 글쓰기 수업을 추천하는 거지?'라는 의문이 생깁니다. 그리고 당장 내일 작성하는 보고서부터 신경이 쓰이며 스트레스를 받게 되겠죠.

우리 아이들도 마찬가지입니다. 엄마는 정말 아이를 위해 같이 손을 잡고 학원을 등록했지만 그 행동 자체가 아이에게는 이미 마음의 큰 짐으로 작용할 수도 있습니다. 엄마는 엄마대로 '왜 나는 아무런 잘못을 한 적이 없는데 우리 애는 저런 생각을 하지? 생각이 삐뚤어진 것 아니야?'라는 생각을 하게 됩니다. 아이의 모든 생각을 이해할 수는 없습니다. 아이 또한 엄마의 모든 행동을 이해할 수 없고요. 그래서 가끔은 넘치는 것보다는 약간은 부족할 필요도 있습니다.

친구 인정

다섯째, 친구와 어울리는 시간을 주세요.

어른들은 스트레스를 받으면 술을 진탕 마시거나 혼자 멀리 바다로 떠나기라도 하잖아요. 하지만 현실적으로 스트레스를 해소할 방법이 많지 않은 아이는 어떻게 해야 할까요? 아이의 기분을 옆에서 가장 쉽게 파악하는 대상은 '친구'입니다.

학교가 끝나면 바로 학원도 가야 하고 집에 와서 혼자 게임도 해야 하고, 우리 아이들은 사실 친구가 없어도 사는 데 큰 어려움이 없는 시대를 살고 있기는 합니다. 그래서 더 친구가 필요합니다.

본인의 고민을 털어놓고 이야기를 나누며 오늘 학교에서 있었던 스트레스 받은 일에 대해 분노를 표출하며 시원하게 이야기할 수 있는 상대인 친구가 없다면 아이에게서 생성되는 행복 호르몬은 분명 감소하게 됩니다.

아무리 부모가 성심 성의껏 아이의 이야기를 들어주어도 그들 또래의 고민과 생각을 백 퍼센트 이해하는 데 한계가 있어요. 아이는 친구를 응원하기도 하고 응원을 받기도 하며 진정한 사회의 일원으로 성장하게 됩니다.

오늘은 학교에서 아이가 시험을 보는 날입니다. 그런데 아이의 성적이 신통치가 않네요. 아이의 기분이 좋을 리 없습니다. 이런 아이의 마음을 가장 먼저 눈치 채는 이가 누구일까요? 바로 아이의 베프입니다.

엄마는 아이가 집에 돌아올 때까지는 직접 얼굴을 보며 이야기할 수 없잖아요. 학교를 입학하게 되면 아이의 감정선을 가장 먼저 읽게 되는 대상이 또래 친구입니다. 그런데 만약 정말 친구가 없어 그 우울한 감정을 누가 알아주지도 않고 털어놓을 대상이 없다면요? 아이는 하루 종일 우울한 기분을 간직한 채 학원을 마치고 집으로 돌아와 엄마에게 자신의 감정을 폭발시킬 수밖에 없습니다.

학원을 빠져가며 친구와 놀러 다니는 것을 절대 용서하지 못하는 엄마도 있잖아요. 물론 횟수가 잦다면 문제가 되겠지만 한 번쯤은 눈감아 주는 센스도 필요하지 않을까 생각합니다. 오늘 우리 아이가 너무나 속상한 일이 있어서 도저히 책상 앞에 앉아 있을 자신이 없을 수도 있으니까요. 친구에게 고민을 털어놓고 회복할 수 있는 탄력을 얻었다면 오늘 학원에서 배울 내용보다 더 값진 경험을 했는지도 모릅니다.

엄마는 오늘 아이가 학원을 빠져서 성적이 떨어질 거라는 걱정을 할 수도 있지만 학원을 하루 빠진다고 해도 큰일은 벌어지지 않잖아요. 오히려 주말에 마음속의 짐을 덜어내고 산뜻한 기분으로 열심히 보충해서 진도를 따라잡을 수도 있지 않을까요?

아이들이 이유 없이 아픈 순간이 있습니다. 병원을 가도 딱히 이유를 찾지 못하는데 아이가 휴식 시간을 충분히 갖고 엄마의 간호를 받으면 증세가 호전되는 경우를 볼 수 있습니다. 시간이 지나면서 건강을 회복하고 약의 기운을 받아 컨디션을 되찾은 이유도 있지만 아이가 아픈 동안에는 대부분의 엄마가 아이에게 스트레스를 주는 경우는 드물잖아요. 학원을 다니면서 성적을 올리고 싶다면 혹시 지금 우리 아이를 스트레스받게 하는 요인은 없나 한번 살펴봐주세요.

아이의 스트레스 줄여주는 법

1. 재촉 금지

엄마의 조급함이 아이에겐 스트레스. 불안해도 기다리세요.

----

2. 믿어주기

지금도 잘하고 있는 거예요.

----

3. 대신 금지

아이의 역할은 아이가 해야 해요.

----

4. 관심은 적당히

걱정도 조언도 잔소리만 될 수 있어요!

----

5. 친구 인정

부모는 절대 해줄 수 없는 것도 있어요.

힘들다고
그만둘 순 없어?

어느 곳에 가나 어머님들이 많이 하시는 말씀이 있습니다.

'학원을 다니지 않고 성적을 올릴 수는 없겠죠?'

곰곰이 생각해보면요. 아이가 먼저 "엄마, 나는 언어영역이 부족한 것 같아. 그래서 학원을 다녀야겠어."라고 말을 하는 경우는 흔치 않습니다. 아이의 또래 친구들이 학원을 다니기 시작하는 모습을 보고 불안감을 느낀 엄마가 아이를 학원에 데려가는 경우가 더 많습니다. 그런데 희한한 점은 학원을 이제 막 보내기 시작한 엄마들을 만나보면 대부분 아이가 원해서 학원을 다닌다고 생각한다는 것입니다. 왜 이런 착각이 일어날까요?

엄마는 자녀가 좋은 대학에 입학하기를 원합니다. 그래서 그에 대한 준비를 조금이라도 일찍부터 해야 한다는 생각에 학원을 보내기 시작합니다. 그 시기는 점점 빨라지고 있습니다. 이제는 초등학교 입학 전에 사교육을 시작하지 않은 친구를 찾아보기 힘듭니다.

그렇다면 성적이 나쁜 학생들이 학원을 빨리 다닐까요? 그렇지도 않습니다. 아이가 반에서 1등이면 전교 1등을 하기 위해 사교육을 시작하고 전교 1등이면 전국 1등을 하기 위해 학원을 다녀야 합니다. 학원을 다니는 당사자는 분명 자녀이지만 선택은 엄마가 합니다. 결국 누구나 학원을 다니게 되고 자녀도 학원 다니는 것을 당연하게 여길 거라고 엄마도 어느 순간부터 생각하게 됩니다.

엄마들에게 "아이를 학원에 보내는 가장 큰 이유가 무엇인가요?"라는 질문을 하면 "아이가 부족한 부분을 보충해서 성적을 올리기 위해서죠."라고 대답을 많이 하십니다. 그렇다면 아이에게 어떤 부분이 부족한지 알아보는 시간을 갖는 것이 먼저 선행되어야 하지 않을까요?

그러나 이 과정은 건너뛰고 아이를 학원에 보내는 것부터 시작합니다. 그래서 엄마는 수학 학원을 보내지만 사실 아이는 영어 학원을 다니고 싶은 상황이 발생합니다. 혹시 엄마의 불안한 마음을 해소하기 위해 우선 아이를 학원에 보내는 것은 아닌지 생각해 볼 필요가 있습니다.

늘 부족한 듯

모든 엄마가 또 하나 비슷하게 생각하는 점이 있습니다. '지금 우리 아이가 다니고 있는 학원이 다른 집 아이에 비해 부족하다.'고 느끼는 마음입니다. 실제로 다른 집에 비해 사교육에 투자를 많이 하고 있는 엄마조차 부족하다는 생각을 합니다. 심지어 아이는 개인과외를 받고 학원을 다니고 음악과 미술에 관련된 사교육을 받고 있는데 말이죠.

　사람의 마음이 그런 것 같습니다. 본인이 다른 사람에 비해 무언가를 많이 하고 있고 갖고 있어도 다른 사람의 떡이 더 크게 보이는 법은 어쩔 수 없는 모양입니다. 더군다나 사교육에 많은 돈을 쓰고 있다고 당당하게 말하는 엄마는 드뭅니다. 그래서 스스로 많은 비용을 지출하고 있지 않다고 세뇌하고 있는지도 모르겠습니다. 내 친구의 아이를 보면 항상 우리 아이가 하지 않고 있는 사교육을 받고 있는 것처럼 보입니다. 여력만 되면 학원 한 군데라도 더 보내는 건데 안타까운 마음이 들죠. 하지만 사실 옆집 엄마도 우리 집을 보면서 똑같은 생각을 하고 있습니다. 남들과 비교하는 마음은 끝이 없어요. 엄마와 아이의 선택이 옳다고 생각된다면 지금 가고 있는 길이 정답입니다. 다른 엄마도 어차피 사교육에 대한 정답이 무엇인지 자신 있게 말하기는 어렵습니다.

　엄마는 생각합니다. '공교육만으로는 부족하다.'

　이 생각은 반대로 학원을 다니면 성적이 수직 상승할 것 같은 착각도 불러일으킵니다. 그래서 아이에게 물어보죠.

　"반에서 1등 하는 친구는 어느 학원 다녀?"

　아이가 어느 학원이라고 이름을 대면 역시나 비싼 학원을 다녀서 공부를 잘한다고 생각합니다. 심지어 학원을 다니지 않는 것 같다고 대답을 하면 '그럴 리가 없어! 고액 과외를 하나?'라고 생각합니다.

사교육 시장은 줄어들 수 없다

　우리는 알고 있습니다. 대한민국에서 사교육 시장이 축소되는 일은 우리 아이가 대학교에 입학할 때까지 볼 수 없을 것 같다는 사실을 말이죠. 만약에 아이가 다니는 학교의 전교생이 학원을 다니지 않는 상황이라면 어떤 선택을 하실 건가요? 지금 기회를 틈타서 전교 1등을 할 수 있도록 사교육의 비중을 더 늘릴 건가요? 아니면 '드디어 사교육을 시키지 않아도 되겠구나.'라고 기뻐하며 아이가 학원 다니는 것을 중단할 건가요? 아마 머릿속으로 한번쯤 후자를 생각해볼 수도 있겠지만 실제로 이런 상황이 벌어진다면 전자를 선택하는 분들도 많을 거예요. 사실 학원은 자녀가 다닌다는 표현보다 엄마가 보내고 있다는 표현이 더 맞기 때문입니다.

　일단 학원을 보내면 아이가 알아서 공부할 것이라는 엄마의 착각은 아이의 반발심을 유발합니다. 영어나 수학이 아닌 체육이나 음악도 아이가 억지로 배우는 경우는 충분히 발생할 수 있습니다. 반발심이 가장 심해지는 때는 언제일까요?

　본인이 정말 열심히 노력했다고 생각하는데 성적이 향상되지 않고 원하는 결과를 얻지 못하는 때입니다. 엄마가 보내서 우선 학원을 다니기 시작했는데 혼자 집에서 공부할 때보다 눈에 띄는 성적 향상이 보이지 않는다면 아이는 '내가 이러면서까지 학원을 왜 다녀야 하나?'라는 생각을 합니다.

　이런 상황에서 공부를 계속해봤자 큰 도움이 되지 못한다는 사실을 엄마도 알고 있긴 합니다. 하지만 아이에게 학원을 그만두라는 말을 쉽게 하지는 못하죠. 이미 낸 학원비가 아까워서일 수도 있고 공부를 안 시킬 수도 없는 노릇이기 때문입니다. 과감히 모든 사교육을 끊고 문제점을 찾아내는 데 집중을 하면 가장 좋겠지만 휴식으로 인해 공부의 흐름이 끊길 수 있는 부분도 불안합니다. 사실은 아이가 중학생 1학년이라면 아직 수능을 보려면 5년이나 남았고 한 템포 쉬어가기에 충분한 시간인데도 말이죠.

잠깐 쉬어도 돼요

아이가 힘들어서 학원을 쉬고 싶다고 하면 당황하는 엄마들이 많습니다. 지금도 성적이 좋지 않은데 다니던 학원까지 그만두겠다니 날벼락도 이런 날벼락이 없죠. 그런데 정말 아이의 바람대로 한번 학원을 쉬어본 적이 있나요? 학원 가던 시간에 게임을 하고 있는 아들을 보며 소리치는 일이 발생할 수는 있어도 생각보다 대단한 일이 벌어지지 않습니다.

엄마가 다니기 싫어하는 아이를 군이 학원에 보내는 이유는 '아이의 성적이 올랐으면 좋겠다.'라는 바람 때문입니다. 그런데 학원을 다녀도 아이의 성적에 변화가 없다면 계속 학원에만 매달릴 것이 아니라 생각을 전환시켜볼 필요도 있습니다. 영어 학원을 다니는데 성적이 오르지 않는다면 아이와 상의하여 논술 학원을 다녀보는 거예요. 한국어의 작문 실력을 늘린 후에 다시 한번 영어 작문에 도전해보는 겁니다. 지금 아이는 영어 점수가 오를 수 있는 준비가 되지 않은 상황일 수도 있습니다. 지속적으로 같은 과목을 같은 학원에서 같은 방식으로만 공부해서 아이가 '매너리즘'에 빠진 상태일 수도 있습니다. 학원을 한두 달 다니지 않으면 암기한 내용은 줄어들 수 있지만 그동안 키워온 사고력이나 응용력이 한 순간에 사라지지는 않습니다.

초등학교 1학년 때의 아이와 중학교 1학년 때의 아이는 가치관이나 생각이 완전 다르잖아요. 초등학교 때는 영어 학원이 다니고 싶었지만 중학생이 되어서는 영어가 가장 싫어하는 과목이 될 수도 있습니다. 억지로 엄마가 원하는 학원에 보내는 것보다 아이의 생각이 변화하는 과정을 존중해주세요.

넘어지면
안 된다? 🖊

우리 아이와 엄마의 학창 시절은 확연히 다릅니다. 엄마가 친구를 만나기 위해 1시간을 걸어갔다면 아이는 모바일 디바이스를 통해 친구와 대화합니다. 신문이 아닌 인터넷으로 정보를 접하고 볼펜과 공책이 아닌 패드가 학교에서 보여도 그리 낯설지 않습니다. 어느 정도 시간이 지나면 스마트폰을 보며 엄마가 모르는 부분을 아이가 알려주기 시작합니다.

예전에 비해 과학기술도 발전했고 아이의 성장 속도도 빠릅니다. 공부에 관한 정보도 엄마보다 중학생 아이가 더 빨리 찾아냅니다. 하지만 빨리 성장하는 아이는 오히려 엄마를 불안하게 만들어 새로운 경향을 만들기도 합니다.

타이거 맘

'타이거 맘.' 한 번쯤은 들어보셨죠? 호랑이처럼 엄격하고 혹독하게 자녀를 교육시키는 엄마를 뜻하는데요. 유독 한국과 일본을 포함한 동북아시아의 엄마를 빗대어 많이 사용됩니다.

'타이거 맘'이라는 용어를 처음 사용한 이는 예일대 교수인 에 이미 추아라는 서양인입니다. 목표를 반드시 달성하는 교육법을 통해 큰 딸을 하버드대와 예일대에 동시 합격시킨 장본인입니다. 부럽기도 하고 대단한 일이죠.

하지만 매번 목표를 달성시켜주는 신과 같은 엄마 밑에서 자란 자녀의 '자존감이 얼마나 확립되었을까'에 대한 부분은 궁금하기도 합니다. 자녀가 하고 싶은 공부를 진심을 다해 했을지도요.

헬리콥터 맘

동양 엄마를 부정적으로 묘사하는 또 다른 표현으로는 '헬리콥터 맘'도 있습니다. 자녀가 충분히 성장을 했음에도 자녀 주변을 헬리콥터처럼 맴도는 엄마를 일컫습니다. 타이거 맘은 대부분 자녀가 어릴 때 엄격하게 대하는 반면에 헬리콥터 맘은 자녀가 어릴 때부터 활동을 시작해 대학을 진학할 때까지 활발한 활동을 합니다. 취업을 앞둔 자녀에게 낮은 학점을 준 교수의 교체를 요구하거나 학점을 올려달라고 떼를 쓰는 부모의 소식을 종종 뉴스에서 볼 수 있는데요. 전형적인 헬리콥터 맘입니다.

미국 브리검영 대학교가 2015년, 대학생 438명을 대상으로 조사한 연구결과를 보면 헬리콥터 맘 밑에서 자란 자녀는 자신을 사랑하고 존중하는 능력이 부족하다고 합니다. 부모의 지나친 간섭이 만들어낸 결과죠. 이는 자녀들의 육체활동에도 악영향을 미칩니다. 캐나다 퀸즈 대학의 한 연구소가 2015년에 7~12세 자녀를 둔 724명의 부모들을 대상으로 한 설문조사의 결과를 보면 '부모들의 자녀에 대한 과잉육아(Hyper-parenting)와 자녀들의 육체활동에 대한 상관관계'를 살펴볼 수 있습니다. 연구팀은 과잉육아 정도를 다섯 그룹으로 나누었는데요. 그 결과 과잉육아 수준이 가장 높은 5단계 그룹 헬리콥터형 가정의 자녀들은 육체활동이 거의 없었고, 가장 낮은 1단계 그룹 가정의 아이들은 학교, 공원, 동네골목, 친구 집 등을 오가며 활발한 육체활동을 하는 것으로 나타났습니다. 이와 같이 헬리콥터 맘은 단순히 자녀를 과잉보호하는 것을 떠나 더 큰 문제를 안고 있습니다.

아이에게 자유를 주지 않는 엄마가 늘어가고 있습니다. 타이거 맘과 헬리콥터 맘이 생겨나는 이유는 무엇일까요? 엄마 본인의 욕심을 아이에게 투영하여 이루길 바라는 마음이 원인인 경우가 많습니다.

아이들의 이름을 보면 부모의 바람이 녹아들어 간 경우가 있습니다. 예를 들면 자녀가 법관이 되길 바라는 마음에 아들 이름에 법 헌(憲) 자를 넣는 것이죠. 우리는 어쩌면 아이의 탄생 순간부터 부모의 욕심을 부리고 있는지도 모릅니다.

아이가 잘되길 바라는 마음과 아이를 통해 대리만족을 느끼려는 마음은 분명히 차이가 있습니다. 물론 아이에게 바라는 부분이 없는 부모는 없을 것입니다. 애지중지 키운 아이에 대한 기대감은 누구나 똑같습니다. 하지만 항상 문제는 적정선을 넘어갈 때 발생합니다. 많은 엄마들은 당연히 본인은 타이거 맘도 헬리콥터 맘도 아니라고 생각합니다. 사실 이 부분은 아이가 판단할 몫입니다. 엄마는 그렇게 되지 않도록 본인을 잘 제어하는 노력이 필요할 뿐이죠.

아이의 자존감

가정에서 엄마가 아이에게 줄 수 있는 가장 큰 선물은 무엇일까요? 학원 수강증이 아닌 '자존감'이라고 생각합니다. 아이가 매일 꽃길만을 걸을 수는 없잖아요. 학교를 다니고 공부를 하면서 뛰어넘기 어려운 장벽을 만날 때가 생깁니다. 이때, 장벽을 넘을 수 있는 원동력은 자존감입니다. 이 자존감은 아무리 비싼 학원을 다닌다 할지라도 억지로 만들 수가 없습니다.

인간은 누구나 실수를 합니다. 우리 엄마들도 살면서 실수를 경험하고 좌절을 맛본 적이 있습니다. 그런데 그 실패로 인해 인생이 절망의 구렁텅이로 빠져들었나요? 혹시 조금이라도 인생에서 도움이 된 부분은 없나요? 대부분 실패를 하면 그때 당시에는 괴롭고 힘들지만 그 경험을 토대로 배우는 부분도 있습니다. 그런데 왜 우리 아이가 실패를 경험하지 못하도록 엄마는 과잉보호를 하는 것일까요? 혹시나 엄마와 같은 실수를 할까 봐 아이보다도 먼저 겁을 먹는 것은 아닐까요? 아이에게 스스로 넘어지고 아파해서 성장할 수 있는 기회를 주세요. 아이가 넘어질 때마다 엄마가 먼저 손을 내밀고 심지어 아이가 넘어질 수 있는 기회조차 엄마가 주지 않는다면 아이가 실패를 통해 단단해질 방법이 없습니다.

물론 아이가 넘어지는 과정 한번 없이 골인 지점에 갈 수 있다면 금상첨화입니다. 우리 아이가 생후 12개월 전이었을 때를 한번 생각해볼까요? 아무것도 의지하지 않은 채 벌떡 일어나서 걸음마를 하지 않았습니다. 처음에는 엄마 손을 잡고 조심스럽게 한 발자국씩 떼는 것부터 시작합니다. 그렇다고 언제까지나 엄마가 손을 잡고 이끌어줄 수는 없습니다. 언젠가는 엄마 손을 놓고 아이가 혼자 걸어야 합니다.

초등학교에 입학해서도 마찬가지인 것 같아요. 아이가 학교에서 만족하지 못한 시험점수를 받고 집으로 돌아왔습니다. 어떤 마음이 드세요? 이번 시험을 망친 것은 어쩔 수 없으니 다음 시험을 힘내서 잘 보기를 바라는 마음이겠죠?

하지만 엄마의 품속에서만 있던 자존감이 낮은 아이라면 스스로 이겨낼 수 있는 힘이 부족합니다. 지금까지 힘든 부분은 엄마가 다 해주었고 본인은 실패해도 스스로 털고 일어날 필요가 없었기 때문이죠. 아이가 실수 한 번에 무너지지 않고 다시 일어서기를 바란다면 아이가 실패도 느낄 수 있도록 조금은 놓아주세요. 이를 통해 자존감이 형성됩니다.

아이가 실수하든 말든 관심을 두지 말라는 이야기는 아닙니다. 옆에서 아이가 이겨낼 수 있도록 힘이 되어주어야 합니다. 단, 아이의 실수를 엄마가 직접 해결해주면 아이의 책임감이 점점 작아집니다. 아이가 직접 이겨낼 수 있도록 옆에서 지켜봐 주는 것만으로도 엄마의 역할은 충분합니다. 부모가 자녀의 앞날에 관심을 갖고 돌보는 것은 당연한 행동입니다. 부모의 역할이기도 하고요. 넘치지도 모자라지도 않게 아이의 곁을 지켜주세요. 아이의 자존감이 먼저 형성되어야 학교를 다니면서 상처를 덜 받고 시험을 잘못 봤다고 해도 쉽게 무너지지 않습니다.

내 아이는
내가 잘 알아요? 🖊

공부를 하지 않으면 엄마한테 혼이 나서 어쩔 수 없이 학원에 가서 책상 앞에 앉아 있는 학생들이 주변에는 생각보다 꽤 많습니다. 책상 앞에 앉아만 있으면 성적이 오를 수 있을까요? 불가능합니다.

성적이 오르지 않는 아이를 대하는 엄마의 태도는 두 가지로 나눠집니다. 화를 내며 학원에 가서 제대로 공부를 하고 있냐며 다그치는 엄마가 있는 반면 오히려 감싸주며 학원을 다녔는데도 성적이 좋지 않아서 마음이 아플 수도 있는 아이를 위로해주는 엄마가 있습니다.

이에 반응하는 자녀의 모습도 가지각색입니다. 화가 잘 먹히는 아이가 있는 반면에 반항하는 친구들도 있습니다. 좋은 말로 타이르면 엄마의 진심을 알아주는 아이들도 있는 반면에 오히려 엄마를 무시하는 친구들도 있습니다.

아이들의 성향은 다 다릅니다. 그래서 우리 아이의 성향에 맞는 위로와 충고를 통해 아이가 공부에 집중할 수 있게 도와주어야 합니다. 학교 선생님이나 학원 강사는 절대 할 수 없는 엄마만이 할 수 있는 역할입니다.

아이의 성향을 크게 세 가지로 분류해보았습니다. 우리 아이는 어떤 성향인지 생각해보시기 바랍니다.

칭찬앓이 타입

첫째, '칭찬앓이' 자녀입니다.

칭찬에 목말라 있는 아이가 있습니다. 엄격한 부모 밑에서 자란 아이들은 칭찬을 받은 경험이 많지 않아서 칭찬에 굉장히 약합니다. 시험 목표를 정하는 데도 일반 학생들과는 다른 모습을 보입니다.

칭찬만큼 아이에게 좋은 선물도 없습니다. 돈이 들지 않는 최고의 선물입니다. 그럼에도 불구하고 아이에게 자주 해주지 않으면 공부 목표가 '칭찬받기'가 되는 경우가 생깁니다. 칭찬을 갈망하는 현상이 나타나는 것이죠.

만약에 목표를 달성하지 못하면 어떤 현상이 벌어질까요? 아이는 엄마에게 인정받지 못할 수도 있다는 두려움에 빠집니다. 그래서 목표를 달성하기 위해 본인이 잘하는 분야의 쉬운 부분에만 집중하는 현상을 보입니다. 점수가 낮은 과목이나 목표 달성이 어려워 보이는 과제에는 도전조차 하지 않는 것이죠.

지금 아이의 성적이 좋지 않다 할지라도 우선 공부가 아닌 다른 부분에서 평소에 아이를 듬뿍 칭찬해주세요. 칭찬에 목이 마르면 계속 물만 찾으러 다니는 경우가 발생합니다.

경쟁심 충만 타입

둘째, '경쟁심'이 심한 자녀입니다.

아이가 어렸을 때, 누군가와 끊임없이 비교를 당하면서 자라면 아이의 마음속에는 경쟁 심리가 생깁니다. 이 경쟁 심리가 지속되면 학교에 가서 만난 친구들도 경쟁 상대로 느끼게 됩니다. 상대평가 중심의 대한민국 교육 정책 안에서 경쟁을 하지 않는 것은 사실 불가능한 일이긴 합니다. 하지만 매일매일 누구와 경쟁한다는 생각 속에서 학교를 다니면 너무 답답하고 외롭지 않을까요?

학교에서 시험을 보는데 옆에 앉은 짝보다 한 문제를 더 맞혔습니다. 경쟁 심리가 강한 친구들은 기분이 좋습니다. 그런데 막상 본인이 갖고 있는 실력의 50%도 발휘하지 못했다면 어떨까요? 누군가를 이긴 사실보다는 내가 갖고 있는 능력을 충분히 발휘했는지가 더 중요합니다.

아직 우리 아이는 많이 보고 많이 읽고 많이 생각해야 할 시간입니다. 최종적인 목표를 달성하기 위해 기본기를 다져놓는 것이 친구보다 더 높은 성적을 받는 것보다 훨씬 중요합니다. 물론 옆집 아이보다 우리 아들, 딸의 시험 점수가 낮으면 속상합니다. 사람이니까 어쩔 수 없는 것 같아요. 하지만 우리 아이가 앞으로 공부할 시간은 많이 남았습니다. 공부는 내가 남을 이기기 위해서 하는 것이 아닙니다. 경쟁 의식이 강한 아이들은 사실 부모가 그 경쟁 의식을 만들어준 경우가 많습니다. 옆집 아빠보다 우리 아빠 연봉이 낮다고 해서 우리 아이가 속상해하진 않잖아요. 돈보다 우리 엄마,

아빠가 나를 얼마나 아끼고 사랑해주는지에 더 관심이 많을 테니까요.

자녀가 경쟁 의식이 강하다면 함께 새로운 목표를 만들어나가 보세요. 단지 누군가를 이기는 목표가 아닌 새로운 부분에 도전해서 성취감을 느낄 수 있도록 말이죠. 경쟁 의식이 있으면 누군가를 이기고 결국 1등을 하고 싶은 마음이 큽니다.

자녀에게 공부는 경쟁 도구가 아니라 본인을 발전시키는 요소라는 인식을 만들어주세요. 그러면 세상을 바라보는 눈이 한결 부드러워질 수 있습니다. 자녀의 경쟁 상대가 꼭 사람일 필요는 없잖아요? 자격증을 획득하거나 올해 안에 책을 10권 이상 정독한다 등의 친구와의 경쟁이 아닌 본인 스스로의 약속을 만들 수 있도록 옆에서 도와주세요.

자신감 부족 타입

셋째, '자신감이 부족한' 자녀입니다.

자신감이 부족하면 스스로를 드러내는 부분이 두렵습니다. 이런 학생들은 아마도 어렸을 때부터 엄마에게 제대로 인정을 받지 못하며 자랐을 가능성이 큽니다. 본인 스스로에 대한 평가를 절하하기 때문에 경쟁심이 강한 아이들과 반대로 경쟁을 하지 않으려 합니다. 그래서 친구들 앞에서 발표를 하는 날은 학교 가기가 너무나 두렵습니다. 많은 사람들 앞에서 자신을 드러내어야 하기 때문입니다.

발표가 끝나고 집에 오면 어떨까요? 엄마는 잘했냐며 아직 책가방을 풀지도 않은 아이에게 질문을 합니다. 우울한 기분의 연속입니다. 이와 같은 상황이 지속되면 결국 아이는 공부에 흥미를 잃고 사회에 나가서도 자존감이 없는 성인으로 성장할 가능성이 높습니다.

자신감이 없는 아이에게는 무슨 일이든 노력하면 발전할 수 있다는 사실을 엄마가 꾸준히 인식시켜줘야 합니다. 아이는 현재 스스로에게 자신이 없는 상태입니다. 엄마에게 아이가 얼마나 소중한 존재인지 얘기해주고 사람은 누구나 무궁무진한 능력을 갖고 있다는 사실을 끊임없이 알려줘야 합니다. 그리고 엄마가 학교를 다녔던 이야기를 자주 들려주세요. 잘하지 못했던 과목을 공부하며 점수를 올렸던 이야기나 어려운 일을 극복했던 스토리를 공유해주세요.

누구나 힘든 부분이 있으며 엄마 역시 같은 경험을 한 적이 있다는 사실을 알려주며 유대감을 형성해야 합니다. 지금 아이가 겪고 있는 상황이 특별하지 않다는 점을 인지시켜주는 것이죠. 우리 주변에서도 많이 볼 수 있잖아요? 콤플렉스를 극복하고 성공한 사람들을요. 스티브 잡스는 본인이 만든 회사에서 개인 지향적인 성격 때문에 쫓겨나는 수모를 겪었고 박지성 선수가 축구 선수로는 크지 않은 체격에 평발을 지녔다는 사실은 누구나 아는 이야기입니다.

경쟁 의식이 심한 학생이나 자존감이 낮은 학생 모두 공통적으로 해당하는 부분이 있는데요. '남을 의식하는 마음'입니다. 다른 사람을 의식하지 않으면 다른 사람과 경쟁하려 들지 않고 눈치를 볼 필요도 없습니다. 우리 아이가 가장 중요한 인생의 주인공입니다. 우리 아이가 갖고 있는 근본적인 성향을 무시한 채 학원만 보내며 공부하라고 하고 있진 않은지 한번쯤 되돌아보는 시간도 필요합니다.

내 아이는 어떤 성향?

1. 칭찬앓이 타입

엄격한 부모 / 칭찬이 부족했어요 /
인정받고 싶어요 / 쉬운 것만 도전할 수 있어요.

- -

2. 경쟁심 충만 타입

비교를 많이 당했어요 / 친구도 경쟁 상대 /
새로운 목표가 필요해요.

- -

3. 자신감 부족 타입

인정받지 못했어요 / 두려운 마음이 커요 /
칭찬과 위로가 필요해요.

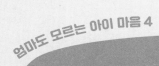

잘해도 걱정이죠

선생님   혜경 양, 반가워요. 혜경 양은 공부를 굉장히 잘하네요?

혜경   네, 그런데 요즘은 그게 부담이에요.

선생님   공부를 잘하는 게 왜 부담이에요?

혜경   계속 상위권을 유지하다 보니 상위권에서 떨어질까 봐 두려움도 있고요. 초등학교 때부터 항상 학원을 3군데 넘게 다녔거든요. 이제는 좀 지쳤어요.

선생님   벌써 지치면 안 되는데. 학원을 좀 줄여보는 건 어때요?

혜경   엄마한테 얘기하면 까무러치실 걸요? 지금도 더 다니라고 하는 판인데……

선생님   억지로 다녀봤자 효과가 없잖아요? 학원에 가면 집중해서 수업을 잘 들어요?

혜경   아니요. 요즘은 정말 집중력 바닥이에요. 그리고 수학 학원이 유독 숙제도 많아요. 오히려 학교 수업 시간에 학원 숙제를 해요.

선생님 학원을 많이 다니는 학생 중에 학교에서 학원 숙제를 하는 친구들이 꽤 많더라고요. 원래 학교 수업을 잘 이해하기 위해서 학원을 다니는 건데 안타깝네요. 이게 반복되면 분명 학교 내신에도 도움이 되지 않을 거예요.

혜경 요즘 제일 스트레스는 엄마가 '특목고'를 꼭 가야 한다고 계속계속 얘기하는 거예요. 저는 그냥 일반고를 가고 싶거든요.

선생님 보니까 성적이 좋은데 특목고를 가기 싫은 이유가 있나요?

혜경 특목고 가면 진짜 3년 동안 미친 듯이 공부해야 하잖아요. 저는 그러고 싶지 않아요. 일반고를 가면 내신 등급을 더 높게 받을 것 같고요.

선생님 혜경 양은 이제부터 정말 힘을 내서 공부를 해야 하는 시점인데 이미 지친 것 같아요. 혜경 양처럼 똑똑한 친구들은 이미 자신만의 학습법이 있는 상태여서 다니는 학원을 줄여보고 학교수업 복습의 비중을 늘리는 편이 효율적인 방법이 될 수도 있어요. 엄마에게 지금의 지친 마음을 솔직하게 이야기해봐요. 아마 엄마는 혜경 양이 특목고를 가기 위해서 현재 힘든 점들을 다 감수할 거라 생각하고 계실 가능성이 큽니다.

지나친 격려는 오히려 기운을 뺄 수도 있어요

성적이 좋은 학생들도 나름의 고충이 있습니다. 아이의 성적이 좋으면 아무래도 엄마의 기대치는 높아집니다. 남들과는 다른 길을 가기를 더 바라게 되고요. 하지만 안타깝게도 이런 마음은 지금도 충분히 잘하고 있는 아이를 지치게 만드는 경우도 생깁니다. 공부를 잘하는 친구들은 본인이 어떻게 하면 계속 공부를 잘할 수 있을지, 이미 파악하고 있는 경우가 많습니다. 엄마가 충분히 믿고 지켜보는 것도 자녀를 위한 좋은 학습 환경이 될 수 있습니다.

학원 다니면 성적이 오를까?

어머니들이 가장 많이 하는 질문 중의 하나는 '과연 우리 아이가 학원을 다니면 성적이 오를 수 있을까?'입니다. 큰 기대와 함께 자녀를 학원에 보내지만 오히려 실망만 가득한 경우도 생기고 반면에 기대했던 것 이상의 결과를 얻는 경우도 생기죠.

어떤 차이가 있는 것일까요? 다음의 셀프 테스트를 통해 자녀가 현재 학원에 가서 원하는 결과를 얻을 수 있는 준비가 되어 있는 상황인지 살펴볼 수 있습니다.

(그렇다: 2점, 보통이다: 1점, 아니다: 0점)

번호	문항	그렇다	보통이다	아니다
1	우리 아이는 공부 계획표를 만들어본 적이 있다.	☐	☐	☐
2	우리 아이는 공부와 관련된 취미가 있다.	☐	☐	☐
3	우리 아이의 휴대폰 사용 시간은 하루에 두 시간 미만이다.	☐	☐	☐
4	우리 아이는 시험에서 틀린 문제를 복습한다.	☐	☐	☐
5	우리 아이는 오늘 학교에서 배운 내용을 파악하고 있다.	☐	☐	☐
6	우리 아이는 책 읽기에 거부감이 없다.	☐	☐	☐
7	우리 아이는 학원에 대한 거부감이 없다.	☐	☐	☐
8	우리 아이는 집에서 매일 조금씩이라도 공부를 한다.	☐	☐	☐
9	우리 아이는 집에서 공부하는 시간이 1시간 이상이다.	☐	☐	☐
10	우리 아이는 무엇이 되고 싶다는 꿈이 있다.	☐	☐	☐
11	우리 아이는 자리에 앉아 20분 이상 독서가 가능하다.	☐	☐	☐
12	우리 아이는 오답 노트를 만든다.	☐	☐	☐
13	우리 아이는 약속을 지키는 편이다.	☐	☐	☐
14	우리 아이는 아프지 않은 이상, 학교 등교를 한다.	☐	☐	☐
15	우리 아이는 방학 때도 공부하는 시간이 있다.	☐	☐	☐
16	우리 아이는 공부를 하는 정해진 장소가 있다.	☐	☐	☐
17	우리 아이는 숙제를 밀리지 않으려 노력한다.	☐	☐	☐
18	우리 아이는 좋아하는 과목이 있다.	☐	☐	☐
19	우리 아이는 공부를 하다 모르는 부분을 물어본 적이 있다.	☐	☐	☐
20	우리 아이는 스스로 책상 앞에 앉을 때가 있다.	☐	☐	☐

총점

0~8점
학원을 다녀도 성적이 오를 가능성이 매우 낮은 상황입니다. 우선적으로 '공부 목표 수립'을 할 필요가 있습니다. 목적이 없는 공부를 하고 있어서 본인이 현재 무엇을 위해 왜 공부를 하는지 스스로 생각해본 적이 없을 가능성이 큽니다.

9~16점
학원을 다녀도 성적이 오르기 쉽지 않은 상황입니다. 공부에 대한 의지가 높지 않기 때문에 학원을 다녀도 금방 싫증을 느낄 가능성이 높습니다. 공부를 하기 위한 계획을 스스로 세운다고 해도 효율적으로 구성할 수 있는 단계가 아닙니다. 학원을 다니기 전에 자녀의 꿈을 설정하여 '공부하는 이유'를 먼저 찾을 필요성이 있습니다.

17~24점
학원을 다녀도 빨리 효과를 보긴 힘든 상황입니다. 또래 친구들에 비해 뒤처지는 부분은 없으나 특별히 성적이 좋은 과목과 나쁜 과목도 없을 가능성이 높습니다. 그래서 학원을 선택할 때도 어려움을 느낄 가능성이 큽니다. 자녀의 과목별 성적 상태를 점검하여 학원을 통한 보충이 필요한 과목을 찾아내는 부분부터 시작해야 합니다.

25~32점   학원을 다니면 성적을 올릴 준비가 되어 있습니다. 자녀 스스로 계획을 지켜가며 공부를 할 수 있기에 학원에 가서도 학교에서 배운 내용을 연계하여 집중력 있게 공부할 수 있습니다. 또래 친구들에 비해 공부에 대한 의지도 높은 편이라 학원을 통해 성적 향상을 이룰 가능성이 높습니다.

33점~   지금 학원을 다니고 있다면 계속 유지하고, 다니지 않고 있다면 학원을 다니면서 부족한 부분의 보충을 통해 성적 상승의 효과를 볼 수 있습니다. 전반적인 학습 준비 상태가 양호하기 때문에 학습 목표를 세우면 이룰 가능성이 높습니다. 학습 계획표대로 움직일 수 있는 성실성도 갖추고 있어 엄마의 간섭 없이 학원 수업을 활용하여 본인의 성적을 높일 수 있는 단계입니다.

3

학원 다니며
성적 올리는 비법

"
갑자기 아이가
전교 꼴찌로 떨어질까요?
전에는 풀었던
수학 문제를
갑자기 못 풀게 될까요?
"

상담 한번
받아볼까? 🖊

학원의 입시 설명회를 가보신 적이 있나요? 그곳에 가면 엄청나게 겁을 줍니다. 마치 지금 학원을 다니면서 선행학습을 시작하지 않으면 우리 아이는 평생 낙오자가 될 것같이 말이죠. 엄마는 학원 홍보라는 것을 알면서도 불안합니다. 엄마가 불안하면 옆에 있는 아이도 같이 불안해합니다. 아이에게 물어봅니다.

"이제는 학원을 다녀야겠지?"

엄마와 아이 모두 고민에 빠집니다. 지금까지 학원을 다니지 않고 잘 자라준 아이에게 고맙기도 하면서 이제는 더 이상 사교육 없이 따라잡기 힘들다는 생각도 동시에 듭니다. 하지만 '주변에서 하기 때문에 또는 학원의 강요로 인해 시작하는 사교육은 좀 아닌 것 같다.'라는 생각도 듭니다. '아이가 정말 원해서 학원을 다녀야 효과도 있지 않을까?'라는 생각도 들고요. 아이에게 말합니다.

"일단 한번 학원에 같이 가서 상담을 받아볼까?"

학원을 찾습니다. 그런데 엄마가 일단 학원 문을 열었다면 결론은 정해져 있는 경우가 많습니다. 학원에서 입학 상담을 하는 직원들은 이미 그 분야에서 닳고 닳은 전문가입니다. 학원을 찾은 엄마의 걸음걸이와 말투만 봐도 어떻게 하면 등록을 시킬 수 있을지 파악이 된다고 말하는 분들이 있을 정도입니다. 학원 상담 선생님이 이야기합니다.

"어머니, 지금도 너무 늦으셨어요. 지금 자녀분은 학교 공부 복습을 하고 있을 때가 아닙니다. 고등 선행을 이미 시작했어야 해요."

학원의 커리큘럼을 알려주며 지금 자녀가 얼마나 사교육이 필요한 단계인지, 또래 친구들은 얼마나 앞선 진도를 예습하고 있는지 굉장히 강한 어조로 설명하기 시작합니다. 엄마의 입장에서는 학원의 말도 일부는 수긍이 갑니다. 사교육을 받으면 받지 않는 것보다 조금이라도 효과가 있을 것 같은 기대감이 드는 것도 사실입니다. 집으로 아이와 함께 돌아온 엄마. 잠자리에 누웠는데도 계속 학원에서 상담받은 이야기만 생각납니다. 아이가 원한다면 무엇이든 해주고 싶은 것이 부모의 마음이잖아요. 내일, 아이가 학교에서 하교하자마자 학원에 가서 등록을 합니다.

학원을 다니지 않으면 어떻게 될까요? 갑자기 아이가 전교 꼴찌로 전락할까요? 아니면 IQ가 급속하게 낮아져서 기존에 풀었던 수학 문제를 풀지 못하는 현상이 벌어질까요? 이 정도로 우려할 만한 상황이 벌어지는 경우는 아직 못 봤습니다. 학원을 다니지 않으면 공부하는 시간은 줄어들 수도 있지만 오히려 아이가 해결해야 할 숙제가 줄어들고 자유 시간은 늘어나는 정도입니다.

불안함과 안쓰러움 사이에서

지금 우리 아이에게 가장 필요한 것은 무엇일까요? 연초에 학부모님들께 올 한 해 자녀에게 가장 바라는 점이 무엇인지 물어보면 '학원을 열심히 다녔으면 좋겠다.'라고 대답하는 엄마는 거의 없습니다. '올해 내내 우리 아들, 딸이 건강하고 행복했으면 좋겠다.'라는 대답이 가장 많이 나옵니다. 하지만 막상 개학을 하고 자녀의 성적이 조금씩 뒤떨어지면 어느새 이 마음은 약간 뒷전으로 밀립니다. 성적이 행복을 밀어내는 현상이 벌어지죠.

아무래도 나이가 어릴수록 학원을 다니지 않을 확률이 높습니다. 아직 공부에 스트레스가 덜한 어린아이의 행복지수는 어떠할까요?

2017년에 국제구호개발 NGO 세이브더칠드런과 서울대 사회복지연구소가 16개국(루마니아, 폴란드, 콜롬비아, 이스라엘, 스페인, 알제리, 노르웨이, 터키, 독일, 영국 등)의 만 8세 어린이 1만 7,496명을 대상으로 조사한 결과에 따르면 대한민국 초등학생의 행복감은 14위입니다. 15위는 네팔, 16위는 에티오피아입니다.

방과 후 교육을 받는 시간은 세계 3위인데 가족과 대화하고 함께 지내는 시간은 모두 최하위입니다. 만 8세 어린이를 대상으로 한 설문조사에서 드러나는 우리나라의 현실입니다.

심지어 '혼밥'을 하는 중학생 친구들도 꽤 많이 있습니다. 학교가 끝나고 학원을 바로 가면서 허기진 배를 채우기 위해 혼자 패스트푸드점이나 편의점에서 식사를 해결하는 것이죠. 연초에 엄

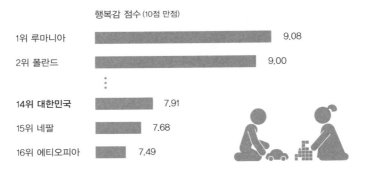

행복감 점수 (10점 만점)

1위 루마니아	9.08
2위 폴란드	9.00
14위 대한민국	7.91
15위 네팔	7.68
16위 에티오피아	7.49

2017 세이브더칠드런과 서울대 사회복지 연구소가 발표한
'만 8세 아동의 행복감 국제 비교연구' 결과

마가 바라던 자녀의 행복과는 약간 거리가 있어 보입니다.

아이가 학원을 다니는 이유도 결국 행복을 위해서 아닐까요? 공부를 잘해야 성공할 확률이 높아지고 성공을 해야 돈을 벌고 행복해질 확률이 높아진다는 사실은 알겠습니다. 하지만 이 행복은 조금 멀리 있어서 아이의 눈에는 아직 보이지 않습니다. 아이는 학원을 다니고 끝나면 과외를 받아야 하는 현실에 지쳐 있을 수도 있습니다.

평소에 엄마와 다정한 관계를 유지했던 아이는 학원을 여러 군데 다니면서 스트레스 지수가 더 높아지는 경우도 발생합니다. 엄마가 지금까지 본인에게 했던 말과는 다른 현실이 벌어지기 때문인데요. 원래 엄마는 "우리 재훈이가 건강하기만 하면 돼. 다른 것은 바라지 않아."라는 말을 자주했지만 실제로는 엄마가 학원을 세 군데나 등록해서 엄마 얼굴을 보며 이야기할 시간조차도 주지 않거든요.

　학원을 다니지 않으면 아이의 성적이 뒤처질까봐 불안하고 학원을 여러 군데 다니면서 힘들어하는 아이의 모습을 보면 안쓰럽습니다. 무엇이 정답인지 헷갈립니다.

　잊지 말아야 할 점은 '학원을 다니는 이유'입니다. 분명 아이를 위해서 학원에 보내는 것입니다. 엄마를 위해서가 아닙니다. 아이가 혹시 지금 사교육 때문에 많이 지쳐 있진 않은지 살펴봐주세요. 그러면 정답을 한결 쉽게 찾을 수 있을 테니까요.

　정말 가장 큰 고민이 되는 순간은 아이가 원해서 학원을 다니면서도 성적이 오르지 않는 경우입니다. 엄마는 어떤 결정을 해야 할지 고민이 될 수밖에 없습니다. 지금부터는 학원을 다니면서 성적도 올리는 방법에 대해 살펴보도록 하겠습니다.

"

아이가 좋아하는 것을 스스로 찾고 잘할 수 있는 것을 발견할 때까지 기다려주는 것은 어떨까요?

"

엄마는 언제나
네 편이야 ✏️

어렵습니다. 아이가 학원을 다니기 시작한 뒤, 대화만 하면 싸움이 벌어집니다. 학원을 다녀도 성적이 오르지 않고 공부도 하지 않는 아이를 보며 엄마가 화가 나서 본인도 모르게 아이에게 아픈 단어를 말하기도 하고요. 아이와 대화가 단절된 지 일주일이 넘어갑니다. 이런 상황 속에서 아이의 성적이 향상되기를 바라는 마음은 어쩌면 욕심 같아 보입니다. 무엇이 문제일까요?

학원을 다니기 시작하면 엄마는 아무래도 아이에게 기대를 더 하게 되고 눈앞에 보이는 성과를 원합니다. 하지만 그 성과가 보이는 시간이 늦어질수록 조급해지고 자꾸 아이에게 올바른 길로 가고 있는지 물어보기도 합니다. 이러한 과정이 반복되면 아이는 지치게 됩니다.

엄마는 왜 기다리지 못할까요? 아이를 믿고 기다릴 만큼의 신뢰가 형성되지 않은 것입니다. 신뢰가 부족하면 서로의 감정이 격해졌을 때, 아이는 엄마가 내뱉은 아픈 단어를 더 깊게 담아두고 서로의 진심을 의심하게 됩니다.

부부가 싸움을 한다고 해서 바로 이혼을 생각하지는 않잖아요. 왜 그럴까요? 부부 사이에 서로를 믿는 신뢰가 있기 때문입니다. 지금은 비록 서로의 감정이 좋지 않지만 진심이 아니라는 것을 알고 있는 것이죠. 지금의 상황이 힘들어서 우발적으로 벌어진 행동일 뿐, 평소에도 서로가 미워하고 싫어하지는 않는다는 것을 '신뢰'가 알려주는 역할을 합니다. 부모 자식 사이에도 신뢰는 반드시 필요합니다.

아이가 둘 이상인 집에서 벌어지는 현상이 있습니다. 첫째가 공부를 잘하면 첫째의 공부 방법을 둘째에게 그대로 대입시키려 하는 현상입니다. 첫째가 다녔던 학원을 무조건 둘째도 다니게 합니다. 과연 공부 잘하는 사람의 학습 방법을 따라 하면 성적이 오를까요? 그렇다면 이 세상 모든 학생들의 성적이 좋아야 할 거에요. 따라만 해도 성적이 오른다면 말입니다. 사람은 누구나 선천적인 차이가 있습니다. 그 차이를 인정해주고 아이가 원하는 공부 방법을 신뢰해주어야 합니다.

여기 두 명의 학생이 있습니다. 그들의 아이큐는 똑같고 공부하는 시간도 똑같으며 심지어 같은 학원을 다닙니다. 하지만 그들의 성적은 다릅니다. A는 체력이 좋습니다. 그래서 학교가 끝나자마자 학원에 가도 본인의 컨디션을 유지하면서 공부할 수 있습니다. 하지만 B는 순간적인 집중력은 A보다 좋으나 오랜 시간 집중을 할 수가 없습니다. 하지만 적당한 휴식을 갖고 나면 금세 집중력이 되살아나는 장점이 있습니다. B는 평소에도 부모님께 학교가 끝나고 곧장 학원으로 가는 부분에 대한 어려움을 토로했습니다. 하지만 부모님은 이야기를 들어주지 않았습니다. 왜 그럴까요? A는 똑같이 공부하면서 B보다 좋은 성적을 거두고 있었기 때문입니다. A보다 성적이 좋지 않은 B가, 공부하기가 싫어 꾀병을 부린다고 생각한 것이죠.

공부 못한다고 믿지도 않아요?

대한민국의 엄마들은 같은 상황에서 상대적으로 성적이 높은 학생의 말을 신뢰하는 경향이 있습니다. 성적이 좋지 않은 학생이 우등생보다 틀린 말을 할 가능성이 높다는 통계도 없는데 말이죠. 수학 문제를 조금 못 푼다고 해서 판단력이 떨어진다는 근거는 없습니다.

공부를 하지 않는 아이가 자신의 의견을 피력하면 먼저 질책할 준비부터 하는 엄마도 있는데요. 우선 신뢰하는 마음을 갖고 아이의 말에 귀를 기울여보는 자세가 필요합니다. 성적이 좋지 않은 아이가 학원을 가지 않고 인강을 듣겠다고 하면 대부분의 엄마는 수긍을 하지 않습니다. 하지만 정말 그 아이에게는 오프라인 강의보다 온라인 강의가 본인 스타일에 더 잘 맞을 수도 있습니다. 본인의 말을 경청하지 않는 사람에게 말을 하고 싶은 사람은 없잖아요. 우선 믿고 이야기를 한번 쭉 들어주세요. 질책은 이야기가 다 끝난 후에 해도 늦지 않습니다.

아이와 신뢰 쌓기

그렇다면 신뢰는 어떻게 형성할 수 있을까요? 서로가 욕심 없이 진심을 다할 때, 신뢰는 형성됩니다. 누군가의 욕심이 들어가면 그 사이는 오래가지 못합니다. 아이와 부모가 어떤 약속을 해요. 그런데 그 약속 안에는 아이에 대한 기대치가 이만큼 들어 있는 거예요. 아이가 반에서 이번에는 1등을 할 것이라는 기대, 아이가 꼭 좋은 대학에 진학할 것이라는 기대 등 여러 가지가 엄마도 모르게 생겼을 수 있습니다.

그리고 만약 부모의 기대치에 미치지 못하는 상황이 발생하면 엄마는 실망을 합니다. '나의 기대가 이만큼인데 너는 이것밖에 충족을 시켜주지 못해?'라는 나쁜 마음이 은근히 싹으로 자리 잡고 있던 것이죠. 그 싹이 자라 열매를 맺어도 원래 욕심으로 가득한 싹이었기 때문에 열매 역시 달콤할 수 없습니다. 신뢰를 형성하는 첫 걸음은 진심입니다.

아이와의 사소한 약속도 소홀히 하지 마세요. 우리는 막연히 아이와의 약속을 잘 지킨다고 생각합니다. 혹시 아이가 휴대폰만 보고 있어서 '숙제를 다 끝마치고 나서 휴대폰 봐.'라고 얘기한 적은 없나요? 그런데 막상 아이가 숙제 끝마치고 휴대폰을 보고 있어도 다시 야단을 치곤 합니다. 숙제를 했으면 휴대폰을 봐도 되잖아요.

이런 자그마한 부분도 하나의 약속입니다. 언뜻 생각하면 큰일은 아닙니다. 이 약속을 어긴다고 해서 엄청난 사건이 벌어지진 않아요. 그러나 사소한 약속을 지키지 않는 행동들이 모이면 정말 지켜야 할 약속이 생겼을 때, 아이가 부모를 불신하는 경우도 생깁니다. '우리 엄마는 어차피 약속해도 지키지 않는 사람인 걸.'이라는 생각이 아이도 모르는 사이에 마음속에 자리 잡게 되는 것입니다. 아이에게 신뢰를 주고 싶다면 일상생활 속의 자그마한 약속도 지키는 편이 좋습니다.

지금이야 대부분의 약속들이 공부와 관련된 부분이 많습니다. '엄마가 퇴근하기 전에 어디까지 문제집을 풀고 놀아라.', '이번 시험에서 몇 점을 넘으면 원하는 것을 해주겠다.' 정도의 수준이지만 우리 아이는 계속 성장하잖아요. 시간이 흘러 대학도 선택해야 하고 앞으로 직업도 선택해야 하고 결혼도 해야 합니다.

부모와 자녀 간에 의논하고 상의할 일들이 너무나 많습니다. 그런데 이런 중요한 순간에 엄마에게 신뢰가 형성되어 있지 않다면 어떨까요? 지금의 믿음이 쌓이고 쌓여 더 큰 신뢰로 발전하지 않을까요? 만일 약속을 지키지 못했다면 지키지 못한 이유라도 꼭 알려주는 모습이 필요합니다.

아이에게 먼저 신뢰를 주는 엄마가 되어보세요. 그러면 아이도 엄마를 신뢰할 수 있는 마음의 문이 열릴 것입니다. 오늘은 학원이 끝나고 집으로 돌아온 아이에게 오늘 배운 내용이 아닌 요즘 공부를 하면서 힘든 점은 없는지 물어보는 것은 어떨까요? 그리고 고생한다고 한번 다독여주세요. 오늘부터라도 '엄마는 나의 편'이라는 신뢰를 아이에게 만들어주세요.

귀 기울여
들어주기 ✎

　　아이의 성적과 엄마와의 대화 사이에 상관관계가 있을까요? 엄마와 아이 간의 대화가 성적을 직접적으로 높여준다는 근거는 없지만 공부를 잘하는 친구들 중 대다수는 엄마와의 대화에 일정 시간 이상을 소비합니다. 대체 어떻게 자녀와의 대화가 성적에까지 영향을 미치는 것일까요?

　　평소에 엄마와 대화가 많지 않았던 아이가 용기를 내어 이야기합니다.

　　"엄마, 저 학원을 옮겨보는 건 어떨까요? 저랑 잘 맞지 않는 것 같아요."

　　엄마는 조금은 황당합니다. 아이가 평소에 별다른 불만을 말하지 않았다가 갑자기 학원을 그만둔다니 말입니다. 지금 다니고 있는 학원의 단점도 잘 모르겠습니다.

　　"엄마가 보기에는 좋은 학원이야. 일단 더 다녀봐."라고 대답합니다. 사실 아이는 평소에도 학원에 불만이 많았습니다. 다만 엄마와 이야기하는 시간이 많지 않아 본인의 마음을 표현하지 못했을 뿐입니다. 그리고 엄마는 엄마의 뜻에 별다른 이견을 제시하지 않는 아이를 보며 '엄마의 생각 = 아이의 생각'이라고 믿고 있었습니다. 아이는 속으로 생각합니다.

'어차피 엄마한테 말해봤자 아무런 문제도 해결되지 않아. 차라리 내가 스스로 결정하는 편이 낫지.'

그 후, 엄마 앞에서는 학원을 잘 다녀온 척하지만 실상은 학원을 가지 않고 친구들과 게임방을 다녀왔습니다. 하지만 엄마한테는 비밀로 숨깁니다.

맞장구쳐주세요

아이가 대화를 시도하면요. 우선 아이의 생각을 듣고 맞장구쳐줄 필요가 있습니다. 아이의 이야기를 다 듣고 엄마의 의견을 이야기해도 늦지 않습니다. 비록 아이의 생각이 틀렸다고 해도 말이죠. '엄마는 나의 이야기를 들어주는 사람'이라는 생각이 아이에게 있어야 합니다. 중간에 대화를 끊으면 그 이후로는 대화를 시도하지 않으려 합니다. 본인이 오늘 학교에서 있었던 일에 대해 이야기하고 싶어도 머릿속에서 자꾸 엄마가 무시했던 기억을 꺼내오는 것이죠. 이런 분위기에서 고민을 꺼내놓기는 더욱 어려워집니다. 아이의 생각과 엄마의 생각이 다를 수 있습니다. 그 차이를 존중해주어야 합니다.

아이가 성장할수록 대화하기가 힘들다고 하소연하는 엄마가 많습니다. 그 이유 중에 하나는 아이의 대화 방법이 점점 직설적이지 않게 되기 때문인데요. 아기였을 때는 '좋다, 싫다'를 분명히 얘기하지만 성장할수록 생각의 범위가 커지면서 본인의 의견을 에둘러 표현하기도 합니다. 그래서 아이는 분명 본인의 마음을 이야기했는데 엄마는 눈치를 못 채는 경우가 발생합니다. 아이가 질문을 합니다.

"엄마, 자기주도학습이라고 들어봤어요?"

아이의 속마음은 '엄마, 저 잠시 학원을 쉬고 집에서 혼자 공부해보면 안 될까요?'입니다. 그런데 엄마는 눈치 없이 휴대폰으로 '자기주도학습의 정의'를 찾아서 아이에게 친절히 설명해주기 시작합니다.

아이는 시간이 지날수록 성장하잖아요. 걱정과 배려하는 마음이 동시에 늘어납니다. 학원을 다니기 싫다는 말에 엄마가 걱정하고 속상해할까 봐 다른 표현으로 이야기할 수 있습니다. 엄마는 모르지만 아이는 지속적으로 엄마에게 본인의 생각을 말하고 있을 수도 있어요. 그래서 아이와 대화를 자주 하고 엄마의 의견보다는 아이의 입장에서 생각해보려는 시도를 계속 해야 합니다.

초등학교만 입학해도 우리 아이는 매우 바빠지는 시대입니다. 자연스레 얼굴을 마주 보고 대화할 시간은 더 줄어들죠. 그래서 대화도 노력이 필요합니다. 엄마와 아이가 친하게 지내면서 대화를 많이 나누는 것을 생각보다 힘들어하는 분들도 있습니다. 한번 대화가 단절되기 시작되면 다시 대화를 복구시키는 데 굉장한 노력이 필요합니다. 만약 지금 자녀와 대화가 많지 않다면 오늘부터라도 서로의 일상적인 이야기를 나누는 것은 어떨까요? 미루

지 마세요. 오늘이 가장 빠른 날입니다. 꾸준히 조금이라도 대화의
시간을 마련해야 합니다.

질문이 이어지는 대화

자녀와 대화의 중요성에 대해 이야기하면 '유대인' 이야기가
많이 등장합니다. '하브루타'라는 단어를 한번 정도는 들어보셨을
텐데요. '친구, 짝, 파트너'라는 뜻의 '하베르'라는 단어에서 유래한
용어로 짝을 지어 질문하고 대답하며 논쟁과 토론, 대화를 하는 유
대인만의 문화입니다. 이를 통해 어린 시절부터 서로의 생각을 나
누며 이야기하고 경청하는 습관을 배워나갑니다. 유대인들은 태
교를 할 때도 뱃속의 자녀와 대화하는 것을 중시 여깁니다. 세상에
나온 후에는 잠자기 전에 꼭 대화를 나누고 잡니다. 특히 '가족 간
의 식사 시간'을 매우 중요히 여깁니다. 교육에 대한 열정이 높은
부분은 우리나라와 닮았지만 행동으로 옮기는 방식은 조금 다릅
니다.

자녀와의 대화는 아이의 질문으로 시작하는 경우가 많습
니다. 사실 자녀가 명확한 대답을 듣기 위해 질문을 하는 것이 아
닐 수도 있습니다. 본인이 궁금한 부분을 누군가와 같이 이야기하
고 싶은 것이죠. 그리고 그 대상은 지금까지 본인이 가장 많은 질
문을 던졌고 가장 많은 해답을 제시해준 엄마이고요. 자녀가 질문
을 하면 명확한 정보를 주려는 노력보다 부담 없이 대화를 이어가

려는 자세가 더 필요합니다.

왜 그런 적 있지 않나요? 월요일에 회사 상사랑 마주 앉아서 점심을 먹어요. 그래도 내가 아랫사람이니 형식적으로나마 먼저 질문을 하죠.

"부장님, 주말에 즐거운 시간 보내셨어요? 어디라도 다녀오셨어요?"

"아니, 집에만 있었어."

더 이상 대답도 없습니다. 그러면 서로 좀 어색하잖아요. '지금 대화를 더 하자는 거야? 말자는 거야?'라는 생각도 들고요. 그래서 대화는 웬만하면 질문형으로 끝내는 것이 덜 어색한 상황을 만들 수 있습니다. 위에서 부장님이 "나는 집에만 하루 종일 있었지만 유 과장은 어디 좀 다녀왔나?"라고 말을 했다면 조금 더 대화의 분위기가 밝아지지 않았을까요?

아이와 대화할 때도 마찬가지입니다. 가끔 아이가 대답하기 애매한 질문을 할 때도 있잖아요. "공부를 하지 않으면 어떤 일이 벌어질까요?" 이럴 때는 질문형으로 대답을 해보는 거예요.

"공부를 하지 않으면 아무래도 본인이 하고 싶은 일을 할 수 있는 확률이 줄어들지 않을까? 재훈이는 어떻게 생각하는데?"

비상식이 상식을 이기기도

질문이 꼬리에 꼬리를 물게 만드는 것이죠. 최소한 상대방에게 질문을 하면 상대방이 대답하는 동안 내가 생각할 수 있는 시간도 벌 수 있습니다. 그리고 아이에게 질문하면 아이가 상상을 하게 됩니다. 그 상상이 말도 안 되는 비상식적인 상상이어도 나쁘지 않습니다. 비상식이 때로는 상식을 이기는 경우도 생기니까요.

우리가 머나먼 행성에 자원을 얻으러 가요. 하지만 그 행성은 독으로 가득 차 있어서 자원을 얻기에 매우 힘이 듭니다. 그래서 거기에 살고 있는 원주민에게 의식을 주입해서 우리가 원격 조종을 하는 거예요. 어때요? 말도 안 되지 않나요? 이런 이야기를 아이랑 나누면 너무 유치하겠죠? 하지만 유치한 이야기는 금세기 최고의 영화 감독 중 한 명인 제임스 카메론의 손에서 "아바타"라는 영화로 탄생합니다.

이 황당한 스토리에 전 세계인들은 열광하고 이로 인해 태어나서 처음으로 아이맥스로 영화를 본 사람도 생겼으며 2시간 40분을 단 한 순간도 놓치지 않고 집중하며 영화를 본 사람도 있습니다. 아이와 나누는 황당무계한 이야기가 정말 쓸모 없을까요? 그렇다면 SF 판타지 영화는 아무도 만들지 못했을지도 모릅니다.

우리나라도 가족 간의 대화를 강조하지만 태어난 지 13~14년밖에 되지 않은 아이가 하교 후에 바로 학원을 가기 위해 혼자 밥을 먹는 나라입니다. 학원 끝나고 집에 와서 부모와 대화하면 되지 않냐고 생각할 수도 있죠. 하지만 학원이 끝나고 저녁 늦게 집에

온 아이와 무엇을 주제로 이야기를 나누나요? 재미없는 공부 이야기만 하지는 않나요? 더군다나 엄마도 힘든 하루를 보내고 쉬고 싶습니다. 하브루타가 단순히 가족 간의 대화의 장을 만들어주는 역할에 국한되지는 않아 보입니다. 아이는 '우리 부모님은 내 이야기에 귀를 기울여줘'라는 사실을 어떻게 느낄 수 있을까요? 대화를 통해서 가능합니다. 오늘 저녁 식사만큼은 시간을 길게 잡고 아이와 대화를 해보는 것도 좋을 것 같아요. 학원을 하루 빠지더라도 말이죠.

우리 아이가
가장 좋아하는 것은?

　　　　생각해보면 엄마도 학창 시절에 질풍노도의
시기를 거쳤습니다. 그 시절은 분명히 내 마음인데도 내 마음속의
소리가 잘 들리지 않습니다. 엄마가 공부를 열심히 하라고 이야기
하면 오히려 보고 있던 책을 덮습니다. 엄마가 집에 일찍 들어오라
고 하면 오히려 최대한 늦게 들어갑니다. 엄마도 그랬는데 아이라
고 해서 별반 다를 바가 없겠죠. 사춘기 시절에는 아무리 부모가
공부하라고 말을 해도 잘 들리지 않습니다. 그동안 학교에서 시키
는 대로 엄마의 뜻대로 아이가 행동하고 생각했다면 지금부터는
아이가 판단하고 결정하고 싶어 합니다. 아이의 이런 마음을 무시
할 수는 없습니다. 강요한다고 해서 설득당하지 않을 시기이기 때
문입니다.

　　반항심으로 가득한 이 시기에 공부를 잘하기 위해 아이에게
필요한 것은 무엇일까요? 일단 IQ가 높으면 유리할 것 같다는 생
각을 합니다. 하지만 아이의 같은 반 친구들의 IQ를 전부 펼쳐놓
고 보면 학생들 간의 차이가 굉장히 많이 날까요? 사실 가장 높은
친구와 낮은 친구의 차이가 크지 않은 경우가 많습니다.

보상은 더 큰 기대를 부른다

그렇다면 물질적 보상을 받을 수 있다면 공부를 열심히 하게 될까요? 엄마가 아이에게 이야기합니다.

"우리 아들, 이번 시험만 잘 보면 원하는 게임기 사줄게!"

탄력을 받은 아들은 너무나 공부를 열심히 해서 원하는 결과를 얻어냅니다. 하지만 다음 시험은 어떨까요? 아마도 이번 시험보다 더 큰 보상을 주어야 아들은 만족할 수 있을 것입니다. 사실 엄마들도 그렇잖아요? 남편이 올해 생일 선물로 귀걸이를 사주면 내년에는 목걸이를 기대하게 되고 내후년에는 귀걸이+목걸이 세트를 살짝 기대해봅니다. 아이들은 어떨까요? 본인이 기대했던 보상보다 작게 되면 애꿎은 공부에 화풀이를 합니다. 우리 아이들도 다 알고 있거든요.

'내가 이번에는 운동화를 사주지 않으면 공부 안 하겠다고 억지 부리면 엄마가 또 어쩔 수 없이 사주겠지?'

물질적 보상도 아이를 공부하게 만드는 근본적인 대책은 되지 못하는 것 같네요.

한번 생각해볼까요? 집 안이 너무 지저분해요. 그래서 치워야겠다고 마음은 계속 먹지만 행동으로는 옮겨지지 않습니다. 왜 이렇게 생각을 행동으로 옮기기 어려울까요? '내적 동기'가 부족하기 때문에 벌어지는 현상입니다. 청소하는 것보단 사실 누워서 스마트폰으로 인터넷 기사를 살펴보는 편이 더 재미있잖아요. 어쩔 수 없어요. 편한 걸 싫어하는 사람이 어디 있겠습니까? 그런데 누워서 쉬고 있는데 전화벨이 울립니다. 시어머니가 전화를 하신 거예요. 불길한 마음으로 전화를 받습니다.

"에미야, 오늘 집 근처에 갈 일이 있는데 잠깐 들르마."

이제는 상황이 달라집니다. 집에 지저분한 부분들이 더 눈에 잘 들어옵니다. 어쩔 수 없이 청소기의 전원 버튼을 켭니다. 왜 그럴까요? 외부에서 압력이 들어온 거예요. 내 마음과는 상관없이 내가 움직일 수밖에 없는 외재적인 요소가 등장한 것이죠. 하지만 진심 즐거운 마음으로 청소를 하지는 않습니다.

내재적 동기

우등생과 우등생이 아닌 친구 모두 공부를 해야 한다는 사실은 알고 있습니다. 하지만 성적이 좋지 않은 친구들은 머릿속으로만 생각하고 행동으로 옮기지 않습니다. 공부에 대한 욕구가 부족하기 때문입니다. 이런 아이를 보며 엄마가 엄청나게 화를 냅니다. 그러면 약간 공부를 하긴 합니다. 잔소리를 듣기 싫어서라도 말이죠. 하지만 오래 가지 못합니다. 왜냐하면 억지로 하니까요. 외부의 압력이 조금이라도 느슨해지면 다시 본연의 모습으로 돌아옵니다. 마음에서 우러나오는 내재적 동기가 없기 때문입니다.

이런 경우를 한번 생각해 볼까요? 고급 외제차를 산 거예요. 주차도 자동으로 되고 누가 봐도 다시 한번 쳐다보는 슈퍼카를 구입하게 됐습니다. 그런데 문제가 있어요. 정작 나는 운전에 관심이 없습니다. 책을 읽으면서 지하철 타는 걸 선호합니다. 슈퍼카가 무용지물이 되는 순간이죠. 공부도 비슷합니다. 공부를 잘하기 위한 전제조건이 아무리 충분히 갖춰져 있어도 본인이 하고 싶은 마음이 없으면 그만입니다. 아이에게 진짜 필요한 부분은 '공부와 친해지기'입니다. 어떻게 할 수 있을까요?

워런 버핏이 자주 하는 이야기가 있습니다.

'자신이 어떤 상황에 맞닥뜨렸을 때 보이는 무의식적이고 자발적인 반응을 관찰하고, 자신이 동경하고 있는 게 무엇인지 내면을 들여다보고, 자신이 어떤 영역에서 뛰어난 학습 속도를 보이며 만족감을 느끼는가를 확인하라!'

아이들 중에는 본인의 장점을 파악하지 못하고 있는 경우가 꽤 있습니다. 단순히 눈앞에 있는 학교 시험을 위한 공부를 하면서 본인 자신에 대해서는 미처 관심을 갖지 못하는 것이죠. 자신의 장점을 찾고 좋아하는 분야를 찾아 공부를 해야 흥미가 생길 수 있습니다. 공부와 친해지고 싶다면 자녀가 자기 자신에 대해 먼저 파악하는 시간이 필요합니다.

아이가 영어에 흥미를 느끼고 있습니다. 하지만 엄마는 이 사실이 중요하지 않습니다. 왜냐하면 학교 성적표를 보니 수학 성취도가 좋지 않은 거예요. 자녀의 흥미보다는 주요 과목의 성적이 눈에 훨씬 잘 들어옵니다. 그래서 계속 수학 학원에만 보냅니다. 아이가 좋아하는 영어는 성적이 나쁘지 않거든요.

아이가 엄마에게 본인은 영어 공부를 더 하고 싶다는 의견도

피력해봅니다. 하지만 묵살당하죠. 엄마는 점수가 낮은 수학에 이미 온 신경이 가버린 거예요. 하지만 아이가 진심으로 공부하고 싶게 만들고 싶다면 엄마가 아이의 적성을 파악하고 있어야 합니다. 단점을 보완하는 것보다 장점을 극대화시키는 편이 성공하는 데 훨씬 유리합니다.

무얼 좋아하지?

즐거움을 이길 수 있는 상대는 없습니다. 간혹 '잘함'이라는 녀석이 즐거움을 위협하는 경우도 있습니다. 하지만 단기간 동안 즐거움을 이길 수 있을지 몰라도 시간이 지날수록 즐거움에게 결국 지고 맙니다. 즐거움이 사라지면 아무리 잘해도 다른 곳에 한눈을 팔거나 금방 지루해집니다.

아이가 즐거움을 느끼는 분야를 찾아서 공부하도록 도와줘야 합니다. 공부 잘하는 사람들이 쓴 글을 보면 그들은 정말로 공부가 재미있어서 열심히 파고들었다는 이야기를 많이 합니다. 정말 신기하지 않나요? 공부가 재미있을 수 있다니…… 그런데 곰곰이 생각해보면 우리도 학창 시절에 소스라칠 정도는 아니어도 상대적으로 다른 과목에 비해 좋아했던 과목이 분명히 있었습니다. 그래서 그 수업시간만큼은 졸지 않고 수업을 들을 수 있었죠.

이유가 무엇일까요? 그 과목의 수업 시간만큼은 즐거웠던 것입니다. 그리고 사람은 즐거운 일은 반복해서 하고 싶습니다. 그래서 그 수업만큼은 기다려지는 마음이 생길 수 있었던 것이죠. 즐거운 일을 반복하면 자기만족을 느끼고 성취감을 얻습니다. 그렇게 점점 아이는 원하는 분야를 찾아 공부를 하게 됩니다. 단순히 시험에서 좋은 성적을 받는 차원이 아닙니다.

사실 내 뱃속에서 나오고 키운 자식이기 때문에 우리가 많은 것을 알고 있다고 생각하지만 실상은 그렇지 않을 때도 많잖아요. 오히려 가장 가까운 위치에서 지켜보기 때문에 주관적인 판단을 내릴 수도 있습니다. 아이가 좋아하는 분야를 찾아갈 수 있도록 도와주세요. 아이와 공부가 친해지는 시간은 분명 단축될 것입니다.

꿈을 꾸도록
기다려주기 ✏

단순히 성적을 높이기 위해 하는 공부와 꿈을
이루기 위해 하는 공부, 어느 공부가 더 효과가 좋을까요? 당연히
꿈을 위한 공부입니다. 성취감이 훨씬 크거든요. 자기 자신이 발전
해나가는 모습을 스스로 느낄 수도 있고요. 학원을 다녀도 장래희
망이 명확한 친구들이 성적을 더 쉽게 올립니다. 그런데 이제 대한
민국에서 이 꿈을 이루는 과정이 쉽지만은 않습니다.

우리가 취업할 때도 경제가 어려웠는데 아직도 어렵습니다.
통계청에서 발표한 자료(18년 12월 기준)에 따르면 실업률은 17년
만에 최고치를 기록했습니다. 2018년 일자리 증가 규모는 10만 명
아래로 떨어져 2009년 이후 가장 낮은 수준을 기록했습니다.

우리 아이들도 이 사실은 잘 알고 있습니다. 엄마가 뉴스를 틀
면 실업률이 상승했다, 실직자가 늘어났다 등의 보도가 너무 많이
나오거든요. 대학생 언니, 오빠가 공무원 시험을 보기 위해 노량진
학원에서 열공하는 모습은 우리 자녀들도 당연한 현상으로 받아
들이는 세상입니다.

이러한 사회적 현상은 우리 아이들의 꿈에도 영향을 미치고
있습니다. 이제 갓 10살 넘은 학생의 꿈이 공무원입니다. 어린 시

절의 흥미와 경험을 통해 본인의 꿈을 찾아가는 과정이 사라진 채 엄마, 아빠가 이야기하는 안정적인 직업이 아이에게 자연스럽게 꿈으로 연결되고 있는 것이죠.

이런 현상이 무서운 이유는 '목적 의식'이 상실되기 때문입니다. 이상이 아닌 현실과 타협하며 본인의 현재 상황을 고려한 꿈만 꾸도록 제약을 만드는 것이죠. 그러면서 본인이 진정으로 원하는 것이 무엇인지 헷갈리게 됩니다. 우리 아이가 너무 빨리 현실과 타협한다면 본인의 꿈에 대해 생각할 기회마저 영영 뺏길지도 모릅니다.

공부를 왜 할까요? 학교에서 듣는 수업의 내용이 공무원 시험을 대비하는 데 충분하진 않습니다. 정말 꿈이 공무원이라면 꿈을 이루기 위해 필요한 공부를 해야 하지만 실제로는 학교에서 다른 학생들과 똑같은 수업을 듣습니다. 그래서 학원을 다녀도 이유와 목적이 없습니다.

목적이 없으면 중간에 길을 잃을 가능성이 높아집니다. 꿈이나 재능을 키우기 위해 학원을 다니는 것이 아니라 단순히 남들도 하니까 선행학습을 하기 위해 다닙니다. 아이가 공부하는 시간은 늘어날지 모르지만 공부에 대한 흥미는 그것과 반비례하게 됩니다. 이러한 상황을 극복할 수 있도록 아이가 꿈을 정하고 꿈을 이루기 위한 공부를 해야 합니다.

하지만 우리나라의 학생들은 본인의 꿈만 찾고 있으면 엄마한테 혼이 납니다. 꿈을 꾼다고 해서 학교 성적이 바로 올라가지는 않기 때문이죠. 요즘 초등학생은 직장인과 출퇴근 시간이 비슷합니다. 학교가 끝나고 편의점에서 컵라면을 먹으며 본인의 꿈에 대한 상상을 하기는 어렵습니다. 우리 아이에게는 지금 '꿈'을 찾아갈 수 있는 여유와 시간이 필요합니다.

평소에 공부를 잘하던 아이도 갑자기 공부에 싫증을 느낄 수 있습니다. 엄마의 입장에서는 갑작스러운 아이의 변화가 당황스럽지만 아이는 부모보다 더 혼란을 겪는 중입니다. 아이가 잠시 방황할 수도 있지만 '꿈'이 있다면 제자리로 돌아오는 시간이 단축될 가능성은 훨씬 높아집니다. 목표 의식이 있기 때문입니다. 꿈을 찾는 과정 속에서 방황도 가끔은 필요한 요소이고요.

아이의 꿈을 물어보세요

아이에게 어떠한 삶을 살고 싶은지, 무엇을 하면 시간 가는 줄 모르고 몰입해서 할 수 있는지에 대해 최근에 물어본 적이 있나요? 본인의 꿈이 무엇인지 모르고 대학교를 졸업하는 경우도 많습니다. 처음에는 누구나 대기업에 취업하는 것을 기뻐하지만 시간이 흐른 뒤에 '내가 왜 이 회사에 다니고 있지?'라고 생각하는 경우도 많습니다.

엄마가 아이의 꿈을 찾을 수 있도록 계속 상기시켜준다면 어떨까요? 질문을 받으면 대답을 해야 하잖아요. 대답을 하려면 생각을 해야 하고요. 아이가 스스로 꿈에 대한 답변을 내릴 수 있도록 물어봐주세요. 아이가 만화를 좋아한다면 단순히 만화를 좋아하는 것인지, 아니면 만화를 보며 그림을 따라 그리는 것을 좋아하는지, 한번 정도는 물어봐주세요. 혹시 모르잖아요. 내 아이에게서 엄청난 미술적 재능을 발견할 수 있을지.

아이가 공부 외에 다른 행동을 하면 대부분의 부모들은 나무랍니다. 그럴 시간이 있으면 영어 단어 하나를 더 외우라고 하죠. 하지만 성공한 사람들 중 부모가 공부 이외의 아이의 재능을 발견한 사람도 많다는 점을 우리는 잊으면 안 될 것 같아요.

2017년에 발표한 육아정책연구소의 '아동의 창의성 증진을 위한 양육 환경과 뇌 발달 연구'를 살펴보면 대한민국의 초등학생은 하루에 무려 5시간 23분이나 공부를 한다고 합니다. 반면에 대학생은 4시간 10분 공부합니다. 우리나라의 초등학생은 대학생보다도 더 오랜 시간 공부를 합니다. 어린 나이 때부터 생활 속에서 여유가 많지 않습니다. 본인의 꿈에 대해 생각하기에는 학교와

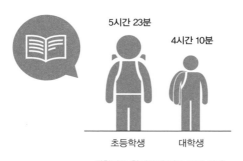

대한민국 학생들의 평균 공부 시간

학원 숙제가 너무 많습니다. 일부러라도 아이가 꿈꿀 수 있는 시간을 만들어줘야 합니다.

우리나라 어린이의 행복도는 OECD 국가 가운데 가장 낮습니다. 꿈을 꾸는 사람은 행복하다고 합니다. 자신의 목표를 바라보고 힘을 낼 수 있기 때문이죠. 꿈을 위해 아이가 노력하는 시간과 행복은 정비례합니다.

이제 엄마 얼굴 보기도 무서워요

선생님　신애 학생, 안녕하세요. 잘 지냈나요?

신애　아니요, 점점 더 미치겠어요.

선생님　무슨 일 있었나요?

신애　정말 초등학교 때까진 엄마랑 친구처럼 너무나 잘 지냈는데요. 언젠가부터 제가 엄마를 피하게 됐어요.

선생님　왜요? 무슨 일이에요? 역시 공부와 관련이 있겠죠?

신애　네, 맞아요. 초등학교 때는 숙제 밀리지 않고 잘하고 공부 열심히 하면 엄마가 별로 간섭을 하지 않으셨는데 중1은 자유학년제라서 시험도 없잖아요. 그런데 엄마의 간섭이 더 심해졌어요.

선생님　음…… 엄마가 어떻게 스트레스를 주는데요? 구체적으로 얘기해줄 수 있어요?

신애　저는 정말 엄마가 시키지 않아도 혼자서 꾸준히 공부 하거든요. 공부를 되게 잘하진 않아도 나름 최선을 다하고 학교에서 선생님께 혼난 적도 별로 없어요. 그런데 저도 하루 종일 공부만 할 순 없잖아요. 집에서 잠깐만 티비를 봐도 엄마가 난리를 쳐요.

선생님 아무래도 시간이 지날수록 대학입시와 가까워지면서 부모님이 더 날카로워지는 것 같아요. 그래서 초등학교 때 티비 보는 것과 중학생이 되어 티비 보는 것을 다르게 생각하시더라고요.

신애 우리 엄마는 심해도 너무 심해요. 저는 정말 티비를 지금 막 틀 었는데 엄마는 대체 몇 시간째 보고 있냐고 화를 내요. 왜 제가 이야기를 하면 엄마가 믿지 않는지 모르겠어요. 그래서 이제는 엄마 얼굴을 보는 것도 무서워요. 제가 공부를 어떻게 하고 있는 지, 왜 하나하나 전부 다 엄마에게 보고해야 하는지도 모르겠고 요. 그래서 학원도 안 갔는데 간 척 한 적도 있어요.

선생님 학원을 안 가면 엄마들은 대개 우리 친구들에게 문제가 있다고 생각하지만 그 속을 들여다보면 엄마와의 갈등이 주된 원인인 경우가 많아요. 한 살 한 살 나이를 먹을수록 오히려 엄마와의 관계가 안 좋아지죠? 너무 걱정 말아요. 저 역시 그랬습니다. 우 선 신애 학생이 먼저 계획표를 짜서 엄마에게 보여주는 것은 어 때요? 어쩌면 엄마는 잔소리가 없으면 신애 학생이 스스로 공 부를 하지 않는다고 생각할 수도 있으니까요.

때로는 무관심의 응원도 필요합니다

시간이 갈수록 성적이 떨어지고 공부를 힘들어하는 친구들 중에서는 학교 공부가 어려워져서 어려움을 겪는 경우보다 점점 커지는 '엄마와의 갈등'이 원인인 친구들이 많습니다. 이 갈등으로 인해 책상 앞에 앉아도 집중하지 못하고 다른 생각을 하게 되고 결국 책을 덮는 과정이 반복되는 것이죠. 지금 눈앞에 쉬고 있는 아이가 거슬리는 경우가 있죠? 그런데 정말 방금 전까지 공부를 열심히 하고 잠깐 쉬는 중일 수도 있습니다. 지금 당장만 보지 말고 엄마도 조금 더 마음의 여유를 가지면 좋을 것 같아요.

"

공부에도
기초 공사가 필요해요.
아이가 공부에
가장 필요한 힘을
키울 수 있도록 해주세요.

"

스스로 대답하는 힘, 사고력

최근 들어 학교에서 학생들의 사고력 증진을 위해 노력을 많이 합니다. 탐구능력을 증진시키기 위해 발명교실을 운영하는가 하면 소프트웨어 올림피아드를 개최하여 4차 산업혁명을 준비하며 학생들의 사고력을 자극합니다.

이에 따라 사교육에도 변화가 생겼습니다. 지금까지 사교육을 받는 대표적인 이유는 '성적 상승'이었습니다. 학원에서도 '시험 예상문제 100% 적중'이 가장 많이 사용하는 홍보문구였습니다. 그런데 요즘은 '지금 이 수업을 들으면 사고력을 높일 수 있다.'는 이야기를 많이 합니다. 초등학교 때부터 사고력을 높여야 한다며 큐브를 활용해 수학 퍼즐을 맞추기도 하고 보드게임을 통해 두뇌를 유연하게 만드는 프로그램을 학원에서 운영하기도 합니다.

왜 교육 현장에서 점점 사고력의 중요성을 강조할까요? 우선, 시험문제 출제 방향의 변화와 연관이 있습니다. 요즘 자녀의 시험지를 보면 객관식 문제는 찾아보기 힘듭니다. 단답형 서술형부터 시작해서 꽤 긴 문장으로 답해야 하는 문제까지 출제됩니다. 우리 엄마들이 학교 다닐 때는 접할 수 없었던 수학과 과학의 서술형 문제 비중도 높습니다. 단순히 답을 잘 고르는 능력이 아닌 왜 그 답을 골랐는지까지 답할 수 있는 실력이 필요합니다. 만약 사고력이 높지 않다면 단순 암기한 내용만으로 풀 수 있는 문제가 많지 않습니다.

똑같은 상황에 놓여 있더라도 사고력이 높은 학생과 낮은 학생은 차이가 분명히 드러납니다. 사고력이 높은 학생은 하나의 상황에서 여러 가지 경우의 수를 두고 생각하는 능력이 있습니다. 머릿속에서 계산을 하고 행동으로 옮기기 때문에 주어진 도전과제에 실패할 확률이 줄어듭니다. 반면에 사고력이 낮은 학생은 직접 몸으로 부딪히고 깨닫기 때문에 시행착오를 더 많이 겪게 됩니다. 그래서 공부하는 데 시간도 많이 걸리고 직접 경험하지 않은 부분을 유추해내는 데 어려움을 느낍니다. 사고력이 중요한 이유입니다.

질문과 답변으로 사고력 키우기

그렇다면 실질적으로 아이의 사고력을 높이기 위해 엄마는 어떤 역할을 할 수 있을까요? 일상 생활 속에서 엄마가 도움을 줄 수 있는데요. 바로 '질문과 답변'입니다.

아이가 엄마와 대화를 하지 않아도 문제이지만 질문이 너무 많아도 엄마에게는 스트레스가 됩니다. 엄마 중에는 아이가 질문이 너무 많으면 귀찮아하는 분도 있습니다. 좀 쉬고 싶은데 쉴 새

없이 쏟아지는 아이의 질문에 일일이 성심 성의껏 대답하기 쉽지 않은 것은 사실입니다. 회사에서 지금 막 퇴근하고 들어왔는데 좀 쉬어야죠. 하지만 일단 시작된 아이의 질문 세례는 쉽게 끝나지 않습니다. 대답이 필요한 질문이면 그나마 괜찮은데 질문의 대부분이 답이 유치하고 뻔해서 "그건 원래 그런 거야."라고 자꾸 대답하게 됩니다.

아이가 엄마를 통해 궁금증을 해소하려 하면 엄마는 이런 생각도 듭니다. '내가 모든 걸 다 대답해주면 우리 아이는 언제 스스로 해결하는 능력을 기르지?' 그래서 궁금한 부분은 아이에게 직접 찾아보라고 이야기하기도 합니다. 그리고 질문이 도저히 감당할 수 없을 정도로 많아지면 인터넷에서 찾아보라고 대답하기도 합니다. 하지만 질문이 많아졌다는 것은 지금 아이가 본인의 사고력을 높이기 위한 준비를 한창 하고 있다는 신호입니다. 엄마가 아이와 질문과 대답을 주고받는 과정이 사고력을 키우는 최고의 방법이거든요.

곰곰이 생각을 해보았습니다. '책을 쓰면서 내 생각이 가장 막힘없이 써내려져 가는 순간이 언제인가?' 제가 자유롭게 질문하고 답을 구하는 과정을 거칠 때가 아닌가 싶어요. 누구의 방해도 받지 않고 생각할 수 있을 때, 그리고 궁금한 점이 생겼을 때는 질문을 하고 답변을 통한 깨달음을 얻을 때 가장 글도 잘 써지고 저의 사고력도 최고조에 다다르는 것 같습니다. 아이들도 마찬가지 아닐까요? 엄마에게 자유롭게 질문을 해도 괜찮다고 느끼는 순간에 생각도 더 많이 하고 긍정적인 궁금증도 더 많아지는 것 같습니다.

엄마가 아이의 질문에 피곤함을 느끼면 나타날 수 있는 위험한 점은 아이가 더 이상 질문을 하지 않는 순간이 올 수도 있다는 것입니다. 아이의 질문에 대답하기가 힘에 부치면 엄마는 화를 내거나 무미건조하게 대답하게 되고 아이는 이를 느낄 수밖에 없습니다. 우리 아이들 생각보다 눈치가 정말 빠릅니다. 혼자 속으로 생각합니다.

'어차피 엄마한테 질문해봤자 귀찮아 해.'

이런 생각을 갖고 있으면 학교에 가서도 학원에 가서도 선생님에게 궁금한 점을 질문하지 않게 됩니다. 어른에게 질문하는 데 거부감이 형성된 것이죠. 엄마처럼 선생님도 본인의 질문을 달갑지 않게 생각할 수 있다는 두려움이 생깁니다.

먼저 생각해보도록

질문에 답해주는 대신 선생님에게 물어보라고 하는 엄마도 종종 있습니다. 엄마와 같이 이야기를 나누고 생각하면서 아이는 성장합니다. 지금 궁금한 부분을 참았다가 나중에 물어보라고 하는 것은 맛있는 음식을 눈앞에 두고 이틀을 참았다 먹으라고 하는 것과 비슷합니다. 이틀 뒤에는 다른 음식이 먹고 싶을 텐데 말이죠.

현실적으로 자녀가 하는 모든 질문에 정확한 답변을 해주면서 24시간을 보낼 수는 없습니다. 설거지도 해야 하고 집안 청소도 해야 하고 워킹맘이라면 출근 준비도 해야 하잖아요. 어떻게 하면 효율적으로 질문과 답변을 통한 대화가 형성될 수 있을까요?

어렸을 때부터 학원을 다니는 대한민국의 아이들은 주어진 일에 대해서는 본인의 역할을 충실히 수행하는 경우가 많습니다. 대신에 스스로 무언가를 해결하려는 마음은 약한 편입니다. 아이에게 궁금한 부분에 대해 '먼저 생각하고 스스로에게 답변하는 시간'을 줘보세요. 궁금한 모든 질문의 1차적인 답변을 엄마에게서 구하지 않고 본인이 먼저 생각해보는 과정을 거치는 것입니다. 누군가에게 의존하는 상태가 지속되면 불필요한 질문도 많아지고 사고력도 더디게 발전합니다. 스스로 문제에 대한 해답을 찾는 과정을 통해 아이의 사고력은 높이고 엄마와 주고받는 질문과 답변의 수준도 더 높아질 수 있습니다. 집에서 엄마와 질문과 답변을 주고받는 과정 속에서 사고력을 높이며 학원을 다닌다면 좀 더 빠른 성적 향상을 달성할 수 있습니다.

공부의 기초 자산, 집중력

2011년 교육과학기술부의 조사 결과에 따르면 기초 학력이 부족한 초등학생 5만 명 중 20%는 난독증이나 정서 불안 등의 장애를 겪고 있다고 합니다. 즉 약 1만 명의 초등학생이 공부를 하면서 노력 여하를 떠나 집중을 할 수 없다는 것인데요. 이것은 시간이 지나 중학교에 입학한다고 해서 자연스럽게 치료되는 부분이 아닙니다. 그러므로 아이가 공부를 하면서 집중하지 못한다면 단순히 혼만 낼 것이 아니라 어느 부분에 문제가 있는지에 대해 엄마가 옆에서 지켜봐줄 필요가 있습니다.

그래도 희망적인 것은 일상생활 속의 훈련을 통해 집중력을 높일 수 있다는 점입니다. 무엇보다 아이의 상태를 파악할 수 있는 관심이 우선시되어야 합니다.

집중력은 공부를 하는 데 가장 중요한 기초 자산입니다. 그리고 아이의 집중력에는 엄마의 영향력이 미칩니다. 아이는 엄마를 모방하기 때문입니다.

엄마가 책을 읽으면서 휴대폰을 만지작거리고 10분마다 TV를 켜고 냉장고 문을 여는 행동을 반복한다면 아이도 그대로 따라합니다. 엄마는 평소에 집중력 있는 모습을 보여주지 않으면서 아이에게만 강조하게 되면 "그런데 왜 엄마는 책을 읽을 때, 집중해서 읽지 않아요?"라는 반격을 당할 수도 있습니다. 엄마는 마음대로 하고 싶은 행동을 하면서 나에게만 의무를 강요한다는 생각을 아이에게 심어주지 않도록 조심할 필요가 있습니다. 엄마의 집중력이 곧 아이의 집중력이 될 수도 있으니까요.

아이가 실제로 책상 앞에서 집중력이 떨어지는 현상은 공부를 해야 하는 의지보다 다른 무언가를 하고 싶은 의지가 더 클 때 나타납니다. 이런 경우에는 아이에게 연습장을 하나 준비해서 잠깐 공부를 멈추고 집중하지 못하는 이유를 적게 해보세요. 이유를 찾기 위해 계속 스스로에게 질문을 적다 보면 정답을 찾을 수 있습니다. 예를 들어, '공부하기 싫다 → 왜 공부하기가 싫지? → 머리가 아프다 → 왜 머리가 아프지? → 어제 잠을 못 잤다.' 그렇다면, 지금은 공부를 할 때가 아닙니다. 한숨 푹 자고 일어나는 편이 더 도움이 될 수 있습니다.

집중력 저하의 원인 찾기

집중력이 약한 학생들 중에는 '무엇 때문에 본인이 집중을 하지 못하는지' 이유조차 모르고 있는 아이들이 많습니다. 단순히 '난 집중력이 약해.'라는 한 마디로 모든 생각과 상황을 종료해 버리는 것이죠. 분명히 집중력을 떨어뜨리는 요인이 있을 거예요. 우선, 그 요인을 찾아내는 과정부터 시작해야 합니다.

공부에는 두 가지가 있습니다. '중요한 공부'와 '급한 공부.' 아이에게 어느 것부터 먼저 시키나요? 사실 정답은 없습니다. 대신 우선순위를 정할 수는 있습니다. 중요성을 우선시한다면 중요한 공부부터 먼저 하고 신속성을 중요히 여긴다면 '급한 공부'부터 먼저 하게 됩니다.

공부에서 '우선순위'는 중요합니다. 우선순위대로 공부하지 않으면 영어 공부를 하면서 수학 숙제를 걱정하는 일이 벌어집니다. 이런 학생이 꼭 있습니다. 국어는 잘하는데 수학을 잘하지 못해요. 그래서 1교시 국어수업 시간에 벌써부터 2교시 수학 수업을 걱정합니다. 특히 오늘은 선생님이 무작위로 선발하여 칠판 앞에 나와서 문제를 풀게 한다고 했거든요. 집중이 될 리가 만무합니다. 우선순위를 정해야 합니다. 이런 경우에는 공부의 제 1순위를 '해당 교시에 선생님이 알려주는 수업에만 집중하기'로 잡아야겠죠.

우리는 가끔 '해야 할 일'과 '하고 싶은 일'을 혼동하는 경우가 있습니다. 지금 선생님이 알려주는 수업 내용을 집중해서 경청하는 것은 선택의 문제가 아닙니다. 당연히 해야 할 일입니다. 본인의 의무를 다하지 않고 다른 행동을 하면 그 시간 동안 집중할 수가 없습니다. 떳떳하지 못해서 남의 눈치를 보기 때문이죠. '해야할 일'을 하지 않는 습관을 키우다 보면 정말 나중에 중요하게 해야 할 일이 다가와도 스스로 핑계를 대면서 회피하는 버릇이 생길수 있습니다. 학교와 학원은 수업을 듣는 곳입니다. 그 시간에 자기에게 주어진 의무를 다할 때, 집중력도 향상됩니다.

집중력에 대한 오해

우리가 자녀의 집중력에 대해 잘못 생각하는 부분도 있습니다. 어린아이가 책을 집중해서 읽고 있으면 엄마의 입장에서는 참 기특합니다. 이렇게 집중력이 뛰어나니 다른 아이들보다 공부를 잘할 것 같다는 기대감도 듭니다. 나이가 어릴수록 더 대견하게 여겨집니다. 그런데 원래 어린아이는 부산스러운 게 정상입니다. 주변에 대해 끊임없이 호기심을 가지며 여기저기 몸으로 직접 부딪히며 경험하는 아이가 가만히 오랫동안 앉아 있는 친구보다 집중력이 더 높을 가능성도 있습니다. 직접적인 체험을 통해 다양한 감각능력이 발달하는 것이죠. 때로는 우리의 일반적인 상식이 틀린 경우가 있습니다.

아이가 크면서 막연히 집중력도 함께 성장할 것이라 생각하는 엄마도 있습니다. 그러나 집중력과 나이가 정비례하지는 않습니다. 많은 엄마가 '내년이 되면 좀 괜찮아지겠지.'라고 기대하지만 실상은 그 반대입니다. 우리 아이도 시간이 지날수록 세상을 보는 눈이 넓어지고 생각이 많아지기 때문에 새로운 분야에 계속 관심이 생깁니다. 초등학교 1, 2학년 때는 집에 와서 엄마에게 혼나지 않기 위해서라도 책상 앞에 앉습니다. 하지만 중학생이 되면서 좋아하는 연예인이 생기고 하고 싶은 게임도 많아집니다. 친구와 휴대폰으로 메시지도 주고받아야 하고 책상 앞에 앉아 있지 않아도 해야 할 일이 너무 많습니다. 그리고 아침부터 저녁까지 학교와 학원에서 충분히 책상 앞에 앉아 있기도 했고요. 그런데 또 집에 와서까지 책을 읽으려고 하니 지금 상황이 아이에게 썩 달갑지만은 않습니다.

무적의 스마트폰

그리고 우리에게는 집중력을 방해하는 최대의 적이 있습니다. 바로 '스마트폰'입니다. 이제 돌만 지나도 아기들이 스마트폰을 장난감처럼 갖고 놀기 시작하는 모습을 쉽게 볼 수 있습니다. 공공장소에 아이들이 굉장히 많은데도 조용하다 싶어서 주위를 둘러보면 다 손에 스마트폰을 쥐고 있습니다. 그 어떤 말이나 행동보다도 떠드는 아이를 조용히 시키는 데 위력이 강합니다.

어려서부터 스마트폰에 길들여진 아이를 학교에 입학했다고 해서 스마트폰으로부터 떼어놓기는 현실적으로 불가능해 보입니다. 스마트폰 중독에 빠진 청소년들의 위험성에 대한 이야기는 어제 오늘의 일이 아닙니다. 과학기술정보통신부와 한국정보화진흥원이 2017년에 분석한 결과에 따르면 청소년의 30.6%가 '스마트폰 과의존 위험군'에 속합니다. 스마트폰 과의존 위험군이란 과도하게 스마트폰을 이용하여 생활 속에서 다른 무엇보다 스마트폰에 대한 의존도가 높아져 다른 생활을 침해하기까지 하는 현상을 말합니다.

스마트폰의 위험성에 대한 기사는 이제 하루에 한 번씩은 만날 수 있을 정도입니다. 아침에 정보 프로그램을 보면 교통사고 이야기가 많이 나오잖아요. 운전자 또는 보행자가 스마트폰 때문에 사고를 범하거나 당하는 경우가 많습니다. 일상생활에서 필요한 집중력을 모두 스마트폰에 사용하면서 사고가 벌어지는 것이죠.

엄마들도 경험한 적이 있을 겁니다. 분명히 잠깐 누워서 뉴스 기사 몇 개와 SNS에 올라온 친구의 사진만 봤을 뿐인데 벌써 1~2시간이 훌쩍 지나버린 것이죠. 스마트폰은 내가 의식하지 못하는 사이에 나의 집중력을 훔쳐갑니다.

아이가 스마트폰에 중독되었다면 엄마도 일상생활 속에서 스마트폰을 얼마나 활용하는지 확인해볼 필요가 있습니다. 오늘 아이 앞에서 스마트폰 하는 모습을 몇 번이나 보여주었나요? 아이들은 부모를 참 잘 따라 합니다. 가장 자주 만나는 존재이며 행동을 모방하기 쉬운 사이잖아요. 스마트폰을 하고 싶은 마음이 없다

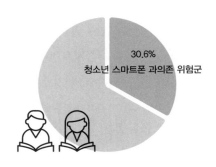

30.6%
청소년 스마트폰 과의존 위험군

가도 본인 앞에서 엄마가 하고 있으면 어느새 아이도 스마트폰을 손에 쥐게 됩니다. 아이가 스마트폰을 하는 데 너무 많은 시간을 쓴다고 나무라지만 실은 엄마가 스마트폰에 더 많은 시간을 소비할 가능성도 있어요. 오늘은 휴대폰 대신에 책을 잡고 있어보면 어떨까요? 당장은 어렵겠지만 아이 역시 서서히 변화할 수 있습니다. 때로는 상대방을 설득하는 가장 좋은 방법은 아무 말도 하지 않고 행동으로 보여주는 것이니까요.

집중 연습

엄마가 함께 노력을 해도 아이의 집중력이 향상되지 않는다면 몰입을 통해 '집중을 하는 연습'이 필요합니다. 몰입력을 기르기 위해서는 '매일 일정한 시각에 똑같은 행동을 꾸준히 반복'해야 합니다. 예를 들어, '매일 밤 9시에 수학문제 풀기'를 목표로 정하고 하루도 거르지 않고 합니다. 처음부터 오랜 시간 어려운 문제를 풀면 아이의 머리는 쥐가 나겠죠. 무리하지 않고 답을 맞추지 못해도 처음에는 10분만이라도 똑같은 시간에 똑같은 공부를 하는 연습을 시작해보는 겁니다. 그리고 한 달이 지나면 30분으로 시간을 늘립니다. 그리고 또 한 달 후에는 1시간으로 연장합니다. 이렇게 3달의 시간이 흐르면 아이의 몸이 밤 9시가 되면 수학공부를 하는 시간이라는 것을 먼저 눈치 챕니다. 두뇌보다 몸이 먼저 집중을 하면서 컨디션을 올려주는 것이죠.

대부분은 아이의 성적이 낮은 과목을 집중적으로 공부합니다. 성적을 올려야 하기 때문에 당연한 현상이지만 사실 몰입을 연습하기 위해서는 '아이가 좋아하는 분야'를 공부하는 편이 더 도움이 됩니다. 아이가 성적이 좋지 않은 과목은 대부분 싫어하는 과목이잖아요. 단순히 집중하기도 쉽지 않은데 게다가 본인이 싫어하는 과목의 공부를 해야 한다면 아이에게 벅찰 수 있습니다. 누구나 스트레스를 받으면 중도에 포기하고 싶은 마음이 강해집니다. 아이가 좋아하는 과목으로 집중해서 공부한 뒤에 점차 다른 과목으로 넓혀가 보세요.

집중해서 공부하고 싶은 마음은 누구나 갖고 있습니다. 그래서 노력도 합니다. 누구나 시작은 쉽게 하지만 포기하지 않고 끈기 있게 진행하는 과정이 어렵습니다. 몰입 연습을 하면서 어려운 점에 대한 대화를 아이와 충분히 나누세요. 아이는 지금도 공부할 부분이 많기 때문에 시간에 쫓기고 있습니다. 어쩌면 '집중'보다 '신속함'이 더 필요하다고 느낄지도 모릅니다. 집중을 하면 속도도 빨라지지만 지금 빨리 숙제를 끝내고 자고 싶은 아이는 그런 부분까지 생각을 하고 싶지 않습니다. 3개월 동안 몰입하는 연습을 통해 집중력이 높아지면 아이에게 생기는 긍정적인 변화에 대해 설명해주세요.

몰입을 하려면 재미를 느껴야 합니다. 성적이 우수한 학생이 너무 낮은 수준의 공부를 해도 재미가 없고 현재 하위권의 학생이 고차원의 사고력을 요하는 문제를 마주해도 흥미를 잃어버리게 됩니다. 매일 같은 시각에 하는 공부는 아이의 학습 수준을 고려해야 합니다. 엄마가 흔히 하는 실수 중에 하나가 '우리 아이는 아직 어려서 엄마인 제가 결정해야 해요.'라고 생각하는 것입니다. 하지만 그것은 착각일 수 있습니다. 이런 착각이 지속되면 엄마의 생각이 곧 아이의 생각이라는 잘못된 판단을 하게 됩니다. 아이에게 항상 질문해야 합니다. 생각보다 아이가 스스로를 잘 파악하고 있을 수도 있습니다. 몰입 연습을 하기 위한 학습의 적절한 수준을 아이와 의논해주세요.

흔히 집중력을 향상시키려면 전두엽을 발달시키라고 합니다. 전두엽은 공부할 때 정보를 분석하고 통합하는 기능과 복잡한 과제를 계획하고 해결하는 기능을 담당합니다.

지금 당장 전두엽을 발달시킬 수 있는 방법을 아시나요? 바로 '엄마의 따뜻한 말 한마디'입니다. 엄마가 아이를 따뜻하게 대해주고 잦은 스킨십과 함께 듬뿍 사랑을 주면 아이의 전두엽이 활성화되며 집중력도 향상됩니다. 몰입 연습도 하면서 학교에서 돌아온 아이에게 '수고했다'는 말을 건네며 안아준다면 집중력이 두 배로 상승할지도 모릅니다. 우리 아이가 학원에 가서 집중해서 공부할 수 있도록 만들어 주는 방법은 그리 멀리 있지 않습니다.

실수 방지, 정확력

　　희한한 상황이 자꾸 벌어집니다. 아이가 학원에서는 푸는 문제마다 다 맞히고 100점을 유지하는데 학교 시험만 보면 80점을 받아옵니다. 심지어 문제도 학원에서 풀었던 문제와 매우 유사한데 말이죠. 이런 경우가 한두 번이 아닙니다. 왜 이런 일이 벌어질까요?

　　아이가 문제를 정확하게 풀지 못하는 '실수하는 습관'에 길들여져 있을 가능성이 큽니다. 그리고 정말 문제는 이 습관에 빠져 있는 엄마 역시 많다는 점입니다. '우리 집 아이는 머리는 좋은데 실수를 해서 문제를 틀린다.'라는 말을 자주 하는 엄마들이 있습니다. 원래 실력이라면 좋은 성적을 받아야 하나 너무 아쉽게도 '실수' 때문에 성적이 오르지 않고 있다고 자기 스스로를 위로합니다. 실력과 실수 사이의 혼돈이 벌어집니다.

　　아이의 학원 교재를 자주 검사하는 엄마가 있습니다. 물론 학원에서 열심히 공부하고 있는지 궁금합니다. 그런데 단순 확인이 아니라 틀린 문제가 많으면 왜 학원을 다니는데도 틀린 문제의 수가 줄지 않느냐고 다그칩니다. 어서 방에 들어가서 공부하라고 불호령을 내립니다. 아이가 방에 들어가서 공부를 시작하고 한 시간이 넘고 두 시간이 넘었는데도 나오지 않는다면 열심히 공부한 만큼 성과가 나올 거라 생각합니다. '오랜 시간 공부＝성적 향상'이라는 입증되지 않은 공식을 믿는 것인데요. 과연 그 바람이 이루어질까요?

엄마가 아이에게 공부하라는 말을 자주 하면 아이가 의자에 앉아 있는 시간은 늘어나지만 책상 앞에 앉아서 엄마가 검사할 문제집의 동그라미 개수만 늘리고 있을 수도 있습니다. 모르는 문제를 만나면 자연스럽게 해설을 보고요. 100점을 맞아야 엄마의 잔소리를 듣지 않을 수 있기 때문이죠. 엄마에게 보여주기 위해 공부를 하고 본인의 실력을 스스로도 착각하게 됩니다. 해설을 보면서 이미 문제를 풀 수 있는 실력은 사라진 상태입니다.

문제는 진짜 시험에서 터집니다. 같은 문제가 나와도 맞추지 못합니다. 혼자 문제를 풀 때도 문제집을 검사하는 엄마 때문에 해설의 도움을 받아 맞췄던 문제거든요. 정확하게 문제를 보고 푸는 과정을 거치지 않았기 때문에 시험장에서 갑자기 문제를 해결할 수 있는 능력이 생기진 않습니다. 엄마가 아이의 실수 때문에 문제를 틀린다고 생각하지만 사실은 실수가 아닌 것이죠. 어떻게 이 문제를 해결할 수 있을까요?

검사 금지

첫째, 평소 아이의 문제집을 너무 자주 검사하지 말아주세요. 문제집에서 100점을 맞아 엄마에게 칭찬받는 것은 의미가 없다는 사실을 알려주세요. 아이가 엄마가 무서워서 하는 공부가 아닌 모르는 부분을 깨닫는 공부를 해야 합니다. 점수를 높이기 위해 정답 맞히기에만 급급하면 이 문제가 왜 출제되었으며 이를 통해 출제자가 물어보고자 하는 바가 무엇인지를 놓칠 수가 있습니다.

운 좋게 답을 적는다고 해도 실전에서 필요한 지식은 쌓지 못하는 것이죠. 결정적으로 문제를 틀리지 않았기 때문에 오답 노트에도 정리하지 않게 됩니다. 본인이 내용을 알고 있다는 착각에 빠지며 학교 시험에서 틀리면 심지어 본인 스스로는 실수라고까지 생각하게 됩니다. 대한민국도 2002월드컵 본선 경기 전에 열린 평가전에서 5-0으로 진 적이 있습니다. 하지만 4강 진출이라는 신화를 만들어냈잖아요. 평소 아이의 소소한 시험 성적은 너그러이 넘어갈 필요도 있습니다.

해설 보기 금지

둘째, '해설 보기'를 금지해야 합니다. 혼자 공부를 할 때, 100점을 받는 방법은 간단합니다. 해설을 먼저 보고 문제를 풀면 됩니다. 해설을 읽을 때는 당연히 다음번에 이 문제를 풀 수 있으리란 생각을 합니다. 하지만 시간이 흘러 그 문제를 만나면 본 기억만 날 뿐 본인이 고민하여 풀지 않았기 때문에 해설 없이 해결할 수 없습니다. 어려운 문제는 차라리 틀리고 오답 노트에 작성하여 복습을 하는 편이 낫습니다. 지금은 점수보다 공부 습관이 중요합니다.

문제는 끝까지 읽기

셋째, 문제를 정확하게 읽어야 합니다. 엄마에게 높은 점수를 보여주려고 마음먹었다면 솔직히 문제를 집중해서 읽을 필요도 없습니다. 어차피 어려운 문제는 해설을 보면 되니까요. 평소에 문제를 대충 읽는 습관에 길들여져 있으면 시험장에서도 똑같이 하게 됩니다. 문제에서 요구하는 내용은 '아래 내용을 읽고 다음 보기 중 맞는 것'을 찾는 것이지만 우리 아이는 아는 내용의 문제임에도 '틀린 것'을 고르고 실수라며 억울해하는 것이죠.

문제를 정확하게 이해하지 못하는 이유는 두 가지입니다. 정말 내용을 몰라서 문제를 이해하지 못할 수도 있고 아는 내용임에도 자기 임의적으로 해석해서 틀릴 수도 있습니다. 후자의 경우는 평소의 공부습관 때문에 벌어지는 일입니다. 너무나 당연하지만 문제를 끝까지 정확하게 읽는 연습을 해야 합니다.

예전 회사 상사 중에 20장짜리 보고서를 가져가면 한 글자, 한 글자 오타를 지적하던 분이 있었습니다. 언젠가부터 이 상사에게 문서를 쓸 때면 결론이나 해결책보다 오타에 더 집중하게 되더라고요. 우리 아이도 평소에 엄마가 문제집의 점수 하나하나를 일일이 간섭하면 엄마의 눈치를 보느라 정작 중요한 부분을 놓칠 수 있습니다. 진짜 중요한 것은 학원에서 받은 점수가 아니라 학교 시험에서 받은 점수입니다.

기억의 골든 타임, 복습력 ✏

학원을 다닌다고 해서 끝이 아닙니다. 진짜 실력은 학원이 끝나고 집으로 돌아와 복습을 하면서 자랍니다. 이미 배운 내용을 집에서 다시 한번 공부하는 과정을 매일 반복한다는 자체가 지루한 일이긴 합니다. 엄마도 다이어트며 독서며 많은 계획을 세우지만 매일매일 실천하기가 얼마나 어려운지 몸소 느껴서 알잖아요? 아이는 오죽할까요? 집에 와서 게임도 해야 하고 TV도 봐야 하고 친구들의 SNS 소식도 확인해야 하고…… 스케줄이 많습니다. 그 와중에 복습까지 해야 하니 인내심과 싸울 수밖에 없습니다.

복습을 하는 습관은 지금부터라도 차근차근히 쌓아가야 합니다. 게임은 내일 한다고 해서 실력이 급감하지 않지만 오늘 배운 수업 내용은 오늘이 아닌 내일 복습하면 얼마나 효과가 떨어지는지 엄마가 알려주어야 합니다. 아이는 '오늘 복습하나 내일 복습하나 얼마나 차이가 있겠어.'라고 단순하게 생각하고 있을 가능성이 크거든요. 오늘 하면 머릿속의 정보를 갖고 공부할 수 하지만 내일 하면 이미 머릿속에서 이탈한 정보를 다시 가져와 공부를 해야 하기 때문에 훨씬 많은 에너지가 소비된다는 점을 아이도 인식해야 합니다.

초등학교부터 중학교 1학년까지 중간고사와 기말고사 같은 지필고사를 보지 않습니다. 학원에서 알려준 선생님의 수업 내용을 암기해서 학교 성적을 잘 받을 수 있는 시대는 지났습니다. 선생님에게 배운 내용을 토대로 스스로 응용해보는 연습이 필요합니다. 학원보다 스스로 복습하는 습관이 더 중요한 이유입니다. 가끔 과도한 사교육으로 인해 복습이 방해를 받는 경우도 있습니다. 학원을 많이 다니면 공부할 양이 많아질 수밖에 없잖아요. 복습할 분량이 많다면 부담으로 다가옵니다. 부담은 포기를 불러옵니다. 만약 학원이 복습을 방해한다면 지금처럼 학원을 다니는 것이 맞을지 생각해볼 필요도 있습니다. 학원을 다니기 위해서 공부를 하는 것이 아니라 공부를 하기 위해 학원을 다니는 것이잖아요.

아픈 환자가 병원에 가서 치료를 받을 수 있는 최적의 시간인 골든타임이 있듯이 복습 역시 골든타임이 있습니다. '24시간 이내'입니다. 시간이 지날수록 기억은 희미해집니다. 그런데 분명 이런 경우도 있습니다. 20년도 넘게 지났는데 초등학교 때 좋아했던 가수의 노래 가사가 아직도 생각나는 경우가 있지 않나요? 그렇다면 시간이 지난다고 해서 무조건 기억이 지워지는 것으로 보이진 않습니다. 무슨 차이가 있는 것일까요?

24시간 이내

우리 두뇌의 저장 공간은 한정적입니다. 천재가 아닌 이상 보고 들은 내용을 모두 기억할 수는 없습니다. 그래서 새로운 내용의 정보가 들어오면 기존의 정보를 지우는 과정이 진행됩니다. 이에 따라, 중요하다고 생각하는 내용은 삭제되지 않게끔 장기기억으로 보존하는 노력이 필요한데 그 골든타임이 '24시간' 이내입니다. 아마 어린 시절 좋아했던 노래도 처음 듣고 하루 종일 다시 듣는 복습을 진행했을 거예요.

아이가 집에 와서 따로 복습하는 것을 부담스러워한다면 방법을 살짝 바꿔보세요. 오랜 시간 공부하는 것에 피로감을 느끼는 아이라면 따로 시간을 내지 않고 의식적으로 조금씩 여러 번 복습하는 습관을 길러주세요. 오늘 학교에서 배운 내용을 정확하게 이해했는지 학원 선생님에게 첫 번째로 질문하고 그리고 잠자기 전에 오늘 공부한 내용을 정리하는 학습일기를 작성하며 두 번째 복습을 합니다. 그리고 다음 날, 같은 내용을 10분 정도의 시간만 투자해서 세 번째 복습을 진행합니다. 자주 보고 듣고 쓰면 기억에 남습니다. 우선 아이에게 복습에 대한 부담감을 낮춰주세요.

선생님이 가르쳐준 대로,
수업력 ✏

복습을 하기 위해서 반드시 선행되어야 하는 부분이 무엇일까요? 복습을 하기 위한 자료 준비입니다. 그리고 최고의 자료는 수업시간에 스스로 한 노트 필기입니다. 중학교에 올라가면 노트 필기가 수행평가의 한 항목으로 구성되어 실제 성적으로 매겨질 정도로 점점 중요성이 강조되고 있습니다.

노트 필기

대체적으로 딸보다 아들이 노트 필기에 약한 경우가 많습니다. 일단 남자아이가 여자아이보다 한자리에 오랫동안 앉아 있는 것 자체를 어려워합니다. 자연스럽게 노트 필기 실력도 떨어집니다. 딸과 아들을 모두 둔 엄마라면 유독 아들의 노트에 지적할 부분이 더 잘 보입니다. 하지만 엄마가 잘못된 부분을 지적하기만 한다면 아들도 더 이상 수업시간에 작성한 노트를 엄마에게 보여주고 싶은 마음이 생기지 않겠죠? 노트 필기 실력은 단번에 키워지지 않기 때문에 한동안 엄마의 화를 부채질할 것입니다. 인내심이 필요합니다.

최근에 자녀의 공책을 보며 이런 이야기를 한 적은 없나요?

"아들! 글씨가 너무 형편없다. 알아볼 수가 없어. 수업시간에 대체 무슨 정신으로 있는 거니! 너는 무슨 내용인지 알아볼 수 있니?"

노트를 보면서 글씨를 지적하는 엄마가 의외로 많습니다. 안 그래도 어떻게 노트 필기를 해야 할지 헷갈린 아이인데 글씨까지 지적을 받다니 스트레스 지수가 올라갑니다. 관점을 달리하여 이렇게 이야기하면 조금 낫지 않을까요?

"아직 우리 아들이 노트 필기가 서툰 것 같네? 수업시간에 어느 부분을 필기해야 하는지 헷갈리는 것 같구나. 그래서 하기 싫은 필기를 하니까 글씨도 엉망인 것 같고. 엄마랑 같이 한번 살펴볼까? 이번 주말에 알맞은 노트를 사러 우선 문구점부터 같이 가자."

보편적으로 학교에서 우수한 성적을 받는 학생들의 노트는 주요 내용만 깔끔하게 정리되어 있습니다. 이를 보면 노트 필기와 성적의 상관관계를 무시할 수는 없어 보입니다. 노트 필기가 단순히 필기 능력이 아닌 '수업시간에 중요한 내용을 파악하고 있느냐'의 여부를 알아볼 수 있는 척도이기도 하고요. 아이는 노트 필기에 대해 이렇게 생각할 수도 있습니다.

'요즘 인터넷에 들어가면 요점 정리가 되어 있고 인강 선생님이 만들어서 나눠주는 정리 내용도 있는데 굳이 수업 시간에 노트 필기를 할 이유가 있을까요?'

틀린 말은 아니죠. 요즘 정보를 구하려고만 하면 쉽게 구할 수 있습니다. 하지만 노트 필기는 단순히 복습의 용도 외에도 '수업에 집중하게 만드는 힘'이 있습니다. 그냥 팔짱 끼고 듣는 수업보다 본인이 스스로 정리를 하며 참여하는 수업의 집중도가 더 높습니다.

평소 아이에게 '시간 안에 끝마쳐라'라는 말을 자주하는 엄마인가요? 그렇다면 아이가 노트 필기를 어려워할 가능성이 높습니다. 시간에 쫓기면 마음은 불안합니다. 불안하면 몰입이 이루어지지 않습니다. 아직 우리 아이는 시간에 맞춰서 일을 완벽하게 하는 능력이 발달되지 않았습니다. 실생활에서 아이를 몰아세우는 경우가 잦으면 수업시간에도 빨리 받아 적기 위해 '속도'에만 집중을 할 가능성이 높습니다. 정작 선생님이 강조하는 주요 포인트를 이해하지 못하면서 말이죠. 아이가 집중해서 수업을 들어야 노트에 필기도 할 수 있잖아요. 실생활에서 아이에게 일정 정도 여유를 주세요. 스스로 주변을 둘러보며 나무가 아닌 숲을 볼 수 있는 시간을 주는 것이죠.

이해가 우선

노트 필기를 가장 잘할 수 있는 방법은 어떤 스킬보다 '수업 내용의 이해'입니다. 아무리 정성껏 선생님 말씀을 토씨 하나 틀리지 않고 적어도 머릿속으로 이해하지 못하면 의미가 없습니다. 수업에서 핵심적이면서 궁극적으로 시험과 연관된 내용을 파악하고 노트에 담아야 합니다. 예습을 한다면 금상첨화입니다. 내일 수업 내용의 핵심을 파악하고 있다면 노트 필기를 더 효율적으로 할 수 있습니다. 우리도 예고를 보고 드라마를 보면 좀 더 이해가 빠를 때가 있잖아요. 아이 역시 미리 알고 있는 정보가 많다면 선생님의 수업 내용을 더 쉽게 파악할 수 있습니다. 여유가 생기는 것이죠.

아이가 아직 선생님의 말씀을 요약하여 정리하는 데 어색함을 느낄 수 있습니다. 분명 수업시간에 본인이 적은 글인데도 집에 와서 보면 무슨 이야기인지 스스로 이해하지 못하는 경우도 있습니다. 평소에 아이가 생각을 정리하여 글을 쓰는 연습을 하면 노트 필기에 도움이 됩니다. 자신의 생각을 체계화시키는 연습을 먼저 하면 다른 사람의 이야기를 들으면서 축약시키는 과정도 조금 더 수월해집니다. 지금 한번 펜을 잡고 시작해보세요. 일기를 쓰는 것도 좋은 방법입니다.

교과서의 중요성

학교든 학원이든 공부의 기본 내용은 어디에 담겨 있을까요? 교과서입니다. 옆집 아이가 공부를 잘한다고 하면 '무슨 비법이 있을까?' 궁금합니다. 옆집 엄마만의 특별한 노하우가 있는 것인지, 아니면 남몰래 고액 과외를 하는 것은 아닌지 꽤 호기심이 생기죠? 그런데 돌아오는 대답이 뻔한 경우가 많습니다.

"그냥 수업 잘 듣고 열심히 필기하고 꼼꼼히 교과서 복습합니다."

　그건 우리 아이도 충분히 하고 있는데 말입니다. 의심이 가는 대목이 아닐 수 없죠. 학원 한번 다니지 않고 서울대에 입학한 자녀를 둔 엄마들의 수기도 그래요. 읽는 동안에는 고개를 끄덕거리지만 책을 덮고 나면 그래서 현실에서 어떻게 적용해야 할지 난감합니다. 정말 사교육 없이 서울대를 갔다면 그냥 천재 자녀를 둔 엄마일 가능성도 배제할 수 없고요. 주변에서는 그런 사람들을 만나기 힘든데 언론이나 인터넷상에서는 쉽게 접할 수 있어서 참으로 신기방기할 따름입니다. 저도 교육회사 다니면서 그런 경우를 본 적은 거의 없거든요. 수업 시간의 필기 내용과 교과서 중심으로 공부해서 좋은 성적을 받았다고 하면 반응은 대부분 비슷합니다.

　"에이, 말도 안 돼. 교과서만 봐도 성적을 올릴 수 있으면 사교육을 받는 사람들은 멍청해서 그러는 건가?"

　믿음이 가지 않습니다. 그리고 우리 아이가 정말 학원을 다니지 않고 교과서로만 공부한다고 상상하면 막막함과 불안함이 엄습해옵니다. 사실 정말 교과서로만 공부하는 학생은 드물겠죠. 그것보다 공부의 중심에 교과서가 있었다는 표현이 더 적절하지 않을까 싶습니다.

　사실 교과서의 중요성은 누구나 다 알고 있습니다. 알지만 누구나 다 교과서로 공부하기 때문에 플러스 알파가 필요하다고 느끼는 것이죠. 자녀의 공부 방법에서 사교육의 비중이 높아질수록 교과서를 중요하게 생각하는 마음은 작아집니다. 학교 수업에서 모르는 내용은 교과서를 공부하며 본인이 직접 노력하지 않아도 사교육을 통해 궁금증을 해결할 수 있는 방법이 많아지거든요.

하지만 명확한 사실은 교과서는 정말 뛰어난 책이라는 점입니다. 그 과목에 대해 전문가가 총 출동하여 만든 책입니다. 교과서는 만들고 싶어도 아무나 만들지 못합니다. 국정교과서에 선발되기 위해 각 출판사는 최정예의 멤버를 투입시켜 수 년 동안 한 권의 책을 만들기 위한 제작 과정에 돌입합니다. 교과서만큼 좋은 책은 시중에 없습니다.

교과서는 필요한 개념과 원리만 정리하여 알려줍니다. 참고서는 말 그대로 참고할 수 있는 방대한 양을 담고 있거든요. 반면에 교과서는 핵심적인 내용만 담아 풍부한 사진과 도표를 통해 이야기합니다. 왜 굳이 사진과 도표를 사용하며 이야기를 할까요? 그 부분이 중요하기 때문이에요. 중요하기 때문에 정리하고 보충해서 자료를 더 보여주는 것이죠. 교과서 한 권만 완벽하게 마스터한다면 사실상 더 이상의 보충자료가 필요 없습니다. 중학교의 수행평가와 단원평가 대부분의 문제 출제는 교과서에서만 이뤄집니다.

교과서는 점점 진화하고 있습니다. 현재 교과서는 '2015 개정 교육과정'이 적용되어 있습니다. 초등학교 저학년에서는 엄마들이 학교 다닐 때는 없었던 '안전한 생활'이 새로 신설됐습니다. '창의적 체험활동'에 해당되는 과목으로 안전사고를 사전에 예방하기 위해 안전 수칙과 위험 대처 방법을 실제로 반복하여 배우는 과목이죠. 학교에서 단순히 성적을 잘 받기 위해서가 아니라 실생활에서도 도움이 되는 부분들을 배웁니다.

가르쳐준 대로 했어요

혹시 이 화재사건을 기억하시나요? 광주의 한 아파트에서 불이 났는데요. 6살 난 유치원생이 키우던 강아지만 안고 집을 나서면서 엘리베이터를 타지 않고 계단으로 내려가며 '불이야!'를 외치며 화재경보기를 누르고, 관리사무소에 알린 사건입니다. 덕분에 인명피해 없이 15분 만에 진화가 되었습니다. 이 유치원생은 취재진의 질문에 "선생님이 가르쳐준 대로 했어요."라고 말하며, 시크하게 인터뷰를 마무리합니다. 아직 초등학교에 입학할 나이도 되지 않은 어린아이가 선생님과 함께 책에서 배운 내용을 통해 사람의 목숨을 살렸습니다. 이 꼬마 친구는 분명 초등학교에 입학해서 '안전한 생활'까지 열심히 공부한다면 안전 불감증의 나라에서 꼭 필요한 성인으로 성장하지 않을까 생각됩니다.

우리는 생각보다 수업을 통해 나도 모르게 많은 것을 익히고 배웁니다. 아이가 학원을 다니기 시작하더라도 학교 수업시간에 스스로 노트 필기를 하며 배운 교과서의 내용을 복습하는 과정의 중요성을 잊지 않게 해주세요.

어떻게 갈지, 계획력

학교에 학원에 정신없이 공부만 하다 보면 정작 중요한 부분을 놓칠 때가 있습니다.

'지금 무엇을 위해 공부를 하고 있지?'

공부를 열심히 하고 있기는 한데 '왜?' 하는지에 대해 점점 잊게 되는 것이죠. 눈앞에 보이는 과제와 평가만 해결하기에도 24시간이 모자랍니다. 그래서 지금 제대로 가고 있는지 뒤돌아볼 여유가 없습니다. 매일 바쁘게 보내면서 점점 목표를 잊어가게 됩니다.

바쁜 생활 속에 올바른 길을 유지하고 싶다면 가장 좋은 방법은 '계획 수립'입니다. 나침반의 역할을 해줄 수 있거든요. 계획이 없으면 누군가의 손에 이끌려 앞만 보고 달려가게 될 가능성이 높습니다. 앞만 보고 계속 달리면 뒤와 옆을 보지 못합니다. 그래서 레인을 벗어났는데도 계속 달리는 경우가 발생하죠. 계획이 있다면 지금 가고 있는 길이 맞는지 스스로 점검해볼 수 있습니다. 계획은 단순히 공부하는 시간표를 만드는 과정이 아닙니다. 본인이 가야 하는 방향을 설정하는 작업입니다.

하지만 막상 계획을 세우려고 하면 막막합니다. 그 누구도 처음부터 완벽하게 계획을 수립하지는 못합니다. 여러 번 수정하면서 잘못된 부분을 고쳐나가야 합니다. 그래야만 계획에 대한 자녀의 부담감도 줄어듭니다.

할 수 있을 만큼

학습 계획을 수립해서 공부하기로 마음을 먹었습니다. 가장 중요한 부분은 무엇일까요? 첫 번째로 객관적인 자녀의 학습 능력을 파악해야 합니다. 아이가 책상 앞에 30분도 앉아 있지 못하는데 3시간 동안 공부하겠다는 계획을 세운다면 쓸모없는 계획이 되고 말잖아요. 또한 수학 성적은 하위권인데 최상위권 문제집을 풀겠다는 계획 역시 중도 포기할 가능성이 높습니다.

계획은 현실적이어야 합니다. 현실을 무시한 계획은 어차피 지키지 못합니다. 영어 점수도 높였으면 좋겠고 방학 동안 수학 경시대회에 나가서 그럴싸한 상도 받으면 좋겠고 예체능까지 완벽하게 섭렵할 수 있다면 금상첨화죠. 하지만 단 하나의 계획만 지키는 것도 쉬운 일은 아닙니다. 아이의 능력을 고려한 계획을 세워야 합니다.

'계획을 짜면 뭐해. 어차피 난 지키지도 않을 텐데. 그냥 형식적인 계획을 만드느니 그 시간에 영어 단어 하나 더 외우는 게 도움이 되지.'라고 생각하는 아이도 있습니다. 틀린 말은 아닙니다. 계획을 만드는 자체는 아무런 의미가 없습니다. 우리가 계획을 세우는 목표는 단 하나, 그 계획을 지키기 위함이니까요. 그래서 계획은 실천 가능성이 높아야 합니다.

우리 엄마들도 신년이 되면 계획을 세웁니다. 다이어트일 수도 있고 어학 공부일 수도 있고 자녀교육과 관련된 내용일 수도 있습니다. 그런데 사실 계획을 세우면서도 마음 한편으로 그런 생각이 들지 않나요?

'우선 계획을 짜고 실천 방안은 차차 생각하자.'

하지만 이런 마인드를 가지면 정말 계획대로 생활하는 것이 아니라 생활하는 대로 계획을 수정하게 됩니다. 마음속으로 지금까지도 계획은 항상 지키지 못했으니 이번에도 자연스레 계획을 지키지 못해도 괜찮다며 스스로를 위로하는 것이죠. 습관적으로 계획을 세우는 자체에만 만족하면 계획은 정말 계획에만 그치게 됩니다. 계획은 지키기 위해 세우는 것입니다.

'인터넷 강의'를 자녀에게 수강시켜본 적이 있으신가요? 처음에는 그래도 의지를 갖고 집중해서 진도에 맞춰 성실하게 잘 듣죠? 하지만 일주일 정도만 지나면 어떻게 되나요? 컴퓨터를 켜기만 해도 눈꺼풀이 감겨 인강에 집중하지 못하는 자녀의 모습을 발견할 수 있습니다. 분명히 계획은 '완강'이었을 거예요. 무엇이 문제일까요? 구체적인 계획의 부재로 인해 벌어진 상황입니다. 계획을 '완강'으로만 세운 것이죠. '어떻게'가 빠진 거예요.

9시부터 인강을 수강하겠다고 마음을 먹지만 막상 9시가 되자 우왕좌왕하게 됩니다. 오늘 배운 영어를 복습할지, 내일 수업이 있는 수학 단원을 예습할지 정하지 않은 것입니다. 이렇게 시간은 흘러 9시 30분이 되어서야 수강을 시작합니다. 이미 몸과 마음이 지친 상태로 말이죠. 계획을 시간으로만 정하는 경우가 있는데요. 계획은 그 시간 동안 '무엇을 어떻게' 할지까지 정해져야 지킬 수 있는 확률이 높아집니다.

실천 가능성 테스트

자녀가 학습 계획표를 작성했다면 실제로 실천하는지 일주일 정도 지켜봐 주세요. 일주일 동안은 공부를 하지 않는다고 해서 잔소리도 하지 말고 자녀의 생활에 간섭을 하지 말아보는 거예요. 간섭을 하는 순간, 본인의 의지가 아닌 엄마의 눈치를 보며 행동하게 됩니다. 대신 계획표와는 달리 자녀가 공부하지 않는 순간을 체크해서 노트에 작성해두세요.

일주일이 지나면 어느 정도 반복적으로 노트에 쓰여진 내용이 생깁니다. 예를 들어, 학원을 다녀온 뒤 숙제를 해야 하는 시간에 휴대폰으로 게임을 3일 이상 지속했다면 이 시간대의 계획에 변화가 필요합니다. 지키지 못할 계획을 무리하게 세운 구간입니다.

왜 학원이 끝나고 집에 온 후 숙제를 하지 않을까요? 만약 게임을 통해 스트레스를 풀어야 해서 계획표를 지키지 않았다면 대신에 운동이나 가족 간 대화 등의 시간으로 변화시켜보세요. 게임이 아닌 다른 방법으로도 스트레스를 해소할 수 있다는 사실을 알려주는 시간을 갖는 것이죠. 그렇게 스트레스를 해소하고 다시 공부하는 시간을 추가해봅니다.

너그러운 마음으로

계획은 무조건 완벽하게 지켜야 할까요? 그렇지 못하면 실패한 계획일까요? 계획을 지켜야 한다는 강박관념이 오히려 계획대로 생활하기 어렵게 만들 수도 있습니다. 계획은 한번 지켜지지 않기 시작하면 처음이 어렵지 두 번째, 세 번째는 쉽게 무시하게 되잖아요. 그렇게 점차적으로 이미 세운 계획을 지키지 않게 됩니다.

사실 90%만 지켜도 나름 성공 아닐까요? 약간의 너그러운 마음은 필요해 보입니다. 오전 계획을 지키지 못했다고 해서 오후 계획까지 포기하는 일이 없도록 말이죠.

공부를 이끌어가는 힘,
6력 키우기

스스로 대답하는 힘

- 질문과 답변으로 사고력 키우기
- 먼저 생각하고 스스로 답 찾아보도록

사고력

공부의 기초 자산

- 집중력을 떨어뜨리는 원인 찾기
- 해야 할 일, 하고 싶은 일 구분하기
- 집중력 최대의 적 스마트폰
- 집중 연습

집중력

실수 방지

- 엄마, 문제집 검사 금지
- 해설 보기 금지
- 문제를 끝까지 정확히 읽을 것

정확력

복습력

기억의 골든 타임

- 잊어버리는 게 당연. 기억력은 한정적
- 조금씩 여러 번 복습해도 좋음

수업력

선생님이 가르쳐준 대로

- 노트 필기 중요
- 노트 필기는 이해한 것을 정리하는 것
- 가장 중요한 건 교과서

계획력

어떻게 갈지

- 계획은 현실적으로, 실천할 수 있는 것을
- 실제로 실천할 수 있는지 초반에 점검 필요
- 완벽한 실천만이 계획 성공은 아님
  너그러운 마음으로 계속 실천하자

저도 사생활이 있다고요

선생님   민정 학생, 오랜만이네요. 공부는 잘하고 있어요? 학원도 잘 다니고 있고?

민정   아니요, 요즘 너무 스트레스가 심해요.

선생님   왜요? 무슨 일이 있나요?

민정   엄마가 날이 갈수록 저를 못살게 구는 것 같아요. 글쎄, 제가 한 번은 핸드폰을 잠그지 않고 욕실에서 씻고 나왔는데 새로운 톡이 하나도 오지 않은 거예요. 좀 이상해서 보니깐 누가 먼저 읽었더라고요. 엄마한테 물어봤더니 오히려 엄마가 딸 핸드폰도 못 보냐며 큰소리를 쳐서 너무 화가 났어요.

선생님   이런, 속이 많이 상했겠네요. 엄마도 민정 양이 엄마 핸드폰을 아무 말도 없이 보면 싫어하실 수도 있는데 말이죠.

민정   맞아요. 한 번은 엄마가 제 핸드폰 잠금을 풀라는 거예요. 왜 그래야 하냐고 했더니 핸드폰을 아예 압수했어요. 그래서 3일 동안 핸드폰을 쓰지 못한 적도 있고요. 정말 너무 힘들어요.

선생님	엄마에게 진지하게 민정 양의 사생활을 존중해달라는 이야기를 한 적이 있나요?

민정	당연히 있죠. 그런데 오히려 야단만 맞았어요. 부모 자식 간에 비밀이 어디 있냐고 하시는 거예요. 그 비밀이 있다는 자체가 엄마한테 숨기는 게 있는 거 아니냐며 화를 내셨어요.

선생님	답답함이 있겠네요. 혹시 예전에 엄마 몰래 잘못된 행동을 하다가 들킨 적이 있나요? 엄마의 간섭이 너무 심한 것 같은데.

민정	아니요, 엄마 성격을 아니까 전 엄마 말을 잘 듣는 편이에요. 하지만 엄마는 아주 조금만 잘못해도 그걸 엄청 크게 부풀려서 저에게 화를 내요.

선생님	저도 아이가 있지만 부모 입장에서는 누구나 다 자녀의 사생활이 궁금하긴 해요. 하지만 그 방법과 정도의 차이는 있죠. 민정 양이 이제 막 중학교에 입학했지만 분명히 존중받아야 할 민정 양만의 생각과 생활이 있는 법이죠. 엄마랑 정말 이야기가 너무 통하지 않으면 의외로 아빠에게 진지하게 이야기해보는 것도 하나의 방법이 될 수 있어요. 아니면 차라리 민정 양이 숨기는 부분 없이 당당하다면 핸드폰 잠금을 정말 풀어놓는 것도 방법이 될 수 있습니다.

아이에게도 자신만의 세계가 있습니다

엄마의 지나친 관심으로 힘들어하는 친구들이 꽤 많습니다. 엄마는 자녀를 위해서 하는 행동이라고 생각하지만 자녀는 그 부분을 너무 큰 부담으로 받아들이는 것이죠. 이런 악순환이 반복되면 공부에도 물론 부정적인 영향을 미칠 수밖에 없습니다. 자꾸 신경이 다른 쪽에 쓰이는 것이죠. '적정선'을 지킨다는 것이 결코 쉽지 않습니다.

엄마의 질문1 "새학년에는요?"

아이가 중학교에 입학할 때나 새 학년으로 올라갈 때는
어떻게 해주는 게 좋을까요?
갑자기 새로운 과목을 배우기 시작한다거나 수학이나 영어
수준이 갑자기 심화된다거나 하지는 않을지 걱정됩니다.

우리 아이들이 성적의 큰 변화를 가져오는 시점, 바로 3월입니다.

중학교 1학년은 자유학년제라는, 시험을 전혀 보지 않는 시기를 거치고 중2 이상이라면 학생부를 관리하는 새로운 시작을 하는 시기입니다.

'처음'이라는 단어는 누구에게나 설렘과 함께 부담으로 다가옵니다. 처음 혼자 가보는 여행도 '어떤 상황이 벌어질까' 하는 기대와 동시에 불안감을 안겨주죠. 우리 아이가 맞이하는 새 학년은 어떨까요? 두려움 반, 설렘 반이 함께하는 또 다른 여행을 떠나는 기분이 아닐까요? 설렘보다 두려움의 크기가 더 큰 친구도 있고 아직 방학에서 온전히 헤어나오지 못하는 아이도 있고 새로운 친구를 만나고 공부를 해야 한다는 부담감을 느끼는 학생도 있습니다.

엄마가 아이에 대해 걱정하는 것만큼 아이 역시 고민이 있습니다. 공부와 관련된 고민거리만이 아니라 '사이가 좋지 않은 친구와 같은 반이 되면 어쩌나' 하는 걱정까지 생깁니다. 친구 문제는 특히 학교 규모가 작은 곳에서는 더 빈번하게 발생하는 아이의 고민거리입니다. 요즘은 왕따 문제도 심각하잖아요. 원하지 않는 친구와 같은 반이 된다는 것 자체가 아이에게는 큰 스트레스입니다.

친구도 중요하죠

새 학년이 되면 자녀의 학습적인 부분 외에 새로운 환경에 잘 적응하고 있는지 관심을 가져주는 것도 필요합니다. 성적이 오르지 못하는 이유가 공부 관련된 이유가 아닐 가능성도 있습니다. 괴롭히는 친구는 없는지, 원하지 않는 친구와 같은 반이 되지는 않았는지 등에 대해 관심을 조금만 일찍 가져준다면 아이의 고민을 조금이나마 빨리 눈치 챌 수도 있습니다.

아이와 트러블이 있는 친구가 있다면 대화로써 문제를 풀 수 있는 수준인지, 아니면 학교 선생님에게 알리고 개입이 필요한 시점인지 등을 학기 초반에 파악해야 합니다. 요즘 세상이 너무 무섭잖아요? 뉴스를 틀면 학교에서 벌어지는 폭력사건이나 청소년 관련 문제가 하루에 하나씩은 꼭 보입니다. "애들은 다투면서 크는 거야."라고 말하는 어른들도 많지만 다투는 것도 어느 정도죠.

회사에서도 마찬가지 아닌가요? 업무량이 정말 많아서 힘든 경우도 있지만 악덕상사를 만나서 마음고생을 하는 일이 더 많잖아요. 우리 아이가 다니고 있는 학교라고 왜 다르겠어요? 아이가 힘들어지기 전에 엄마가 먼저 눈치를 채야죠.

새 학년이 되면 엄마가 이해하기 힘든 상황이 발생하기도 합니다. 아이가 주요한 학사 일정을 모르는 것인데요. 심지어 시험 보는 날짜를 깜빡 하는 친구들도 있습니다. 엄마 입장에서는 참으로 황당하죠. 어른들은 웬만하면 중요한 회의나 행사가 있는 날을 잊지는 않잖아요. 그런데 우리 아이들은 잊을 수 있습니다. 어쩔 수 없는 것 같아요. 학교생활이 아직까지는 본인에게 최우선 순위가 아니어서 벌어지는 현상입니다. 아이의 기억 속에는 학교 일정보다 좋아하는 가수가 음반을 발표하는 날짜가 우선순위로 자리 잡고 있습니다.

아이가 위와 같은 실수를 반복한다면 엄마가 옆에서 주요 일정을 같이 챙겨주는 편이 정신건강에 좋습니다. 조금만 느긋하게 생각해보면 우리 아이는 곧 엄마의 도움 없이 스스로 자립하고 싶은 욕구가 샘솟습니다. 그 욕구가 분출되기 전까지 엄마가 조금만 도움을 주면 됩니다.

개학을 앞두고

엄마도 그럴 때가 있죠? 추석이랑 주말이랑 개천절이랑 다 겹쳐서 연휴가 무척 긴 때가 있잖아요. 시댁에 가야 하는 부담 빼고는 연휴가 좋지만 쉬는 날이 끝나면 우리는 다시 일상으로 돌아가야 한다는 압박이 들기도 합니다. 1년 365일 중에 일주일 정도 연달아서 쉬었을 뿐인데 몸은 천근만근이고 회사를 향하는 지하철이 지옥철이죠.

아이들은 더 심합니다. 긴 방학을 끝내고 새 학년을 맞이하는 부담감은 우리가 일요일 밤에 개그 프로를 보면서도 내일 출근해야 한다는 생각 때문에 '내가 웃는 게 웃는 게 아닌 마음'과 같은 것이죠. 개학이 다가오면 조금씩 규칙적인 생활을 시작하는 것이 개학 후에 힘든 시간을 조금이라도 줄일 수 있도록 도움을 줍니다. 기상 시간을 우선 학기 중과 같이 조정하는 것부터 시작합니다. 우리 몸에게 이제 학교를 가야 하는 때가 왔다고 알려주는 것이죠. 우리도 해봐서 알잖아요? 밤만 되면 잠이 안 오고 늦잠을 자면 얼마나 행복한지…… 실제로 학교를 다니면서 기상해야 하는 시간과 똑같이 개학 일주일 전부터 일어나는 습관을 통해 우리 몸에게 개학이 왔음을 알려주는 것으로 새 학년 준비를 시작해보세요. 가장 산뜻한 기분으로 3월을 시작할 수 있는 방법입니다.

엄마의 질문 2 "시험 기간에는요?"

저희 아이는 평소에는 순한 편인데 시험 때만 되면
가시가 돋혀요. 아침이고 저녁이고 늘 언짢은 표정에
무슨 불만이 그렇게 많은지 툴툴거리기만 합니다.
엄마가 어떻게 해줘야 할까요?

시험 기간이 되면 아이는 예민해집니다. 엄마와 다툼이 가장 많이 벌어지는 시기이죠. 엄마는 이유를 파악하려 노력하지만 쉽지 않습니다. 아이마다 엄마를 힘들게 하는 유형이 다 다르거든요. 그래서 아이의 유형을 파악하는 과정이 먼저 이루어져야 합니다. 시험 기간이 되면 볼 수 있는 아이들의 유형을 4가지로 나누어 살펴보겠습니다.

나는 머리가 나빠

첫 번째로 본인 스스로 머리가 좋지 않다고 생각하는 유형입니다. 아이의 자존감이 낮기 때문에 시험공부를 하면서도 열정이 없습니다. 학원을 다니지만 좋은 점수를 받겠다는 의지도 없습니다. 본인에 대한 부정적인 생각을 하는 기간이 길어질수록 자괴

감에 깊게 빠집니다. 그래서 무슨 일을 하든 성공하지 못할 거라는 생각과 함께 포기하는 습관이 생기게 됩니다.

아이가 우선 자신감을 되찾아야 합니다. 가장 잘하는 과목의 난이도가 낮은 문제부터 공부를 시작하여 스스로 성취감을 느껴봐야 합니다. 엄마도 옆에서 아이의 소중함에 대해 계속 알려주세요. 학원은 너무 일찍 가면 주눅이 들 가능성도 있습니다. 되도록이면 공부에 자신감이 먼저 붙고 사교육은 천천히 접근하는 편이 낫습니다.

또 망쳤어

두 번째는 시험공부는 하지 않고 결과에 대해 불평불만만 늘어놓는 유형입니다. 시험 전날까지 게임만 하고 있었으면서 말이죠. 그렇다고 너무 심하게 야단치지는 마세요. 아이가 본인의 행동에 만족하고 있을까요? 스스로 잘못된 행동이라는 것을 알고 있어요. 하지만 자제력이 부족해서 본인의 행동을 마음대로 제어하는 능력이 부족한 상태입니다.

이번 시험은 이미 끝났습니다. 되돌릴 수 없죠. 다음 시험을 준비해주세요. 공부를 하기 싫어하는 아이가 갑작스럽게 공부에 흥미를 붙이기는 쉽지 않습니다. 하루에 10분 만이라도 책상 앞에 앉아 있는 연습부터 시작해야 합니다. 약간 빡빡하게 하루의 일과를 잡아주세요. 아이에게 딴 생각을 할 시간을 주지 않는 것이죠.

시험이 뭔데?

세 번째는 시험 자체에 관심이 없는 유형입니다. 어떻게 시험에 대한 관심을 불러일으킬 수 있을까요? 이런 경우는 아이러니하게도 오히려 아이가 시험에 대해 관심이 지나치게 많은 경우일 수도 있습니다. 그래서 본인 스스로 부담을 느끼고 일부러 관심을 갖지 않으려고 멀리하는 것이죠. 시험에 대한 두려움을 극복하는 방법으로 시험을 무시하는 선택을 한 것입니다.

사실 두려움이라는 존재 자체가 막연한 경우가 많잖아요. '나는 수학에서 어떤 단원의 어떠한 문장이 시험에 나온다면 절대 풀지 못할 거야.'라고 구체적으로 생각하며 두려워하는 친구들은 드물어요. 그냥 본인 스스로 마음이 편하도록 시험 자체를 부정하는 것이죠. 이런 경우 '시험 준비를 위한 철저한 계획'을 통해 현실을 받아들이게 만들어야 합니다. 그리고 목표를 정하고 하나씩 정해진 기간 안에 달성해나가는 습관을 꾸준히 만들어봅니다. '어라, 생각보다 시험공부도 별 거 아니네.'라는 생각을 아이에게 만들어줄 필요가 있습니다.

걱정만 태산

네 번째는 '걱정쟁이' 유형입니다. 시험 점수가 낮을까 봐 걱정, 혹시나 실수하지 않을까 걱정, 시험 보는 날 아프기라도 할까봐 걱정 등 하나하나가 걱정투성이에요. 걱정은 왜 하게 될까요? 본인이 원하지 않는 상황이 펼쳐질까 불안한 것이죠. 심지어 그 일이 벌어질 확률이 매우 낮은데도 말입니다. 좀 더 대범하게 생각할 필요가 있습니다. 초등학교나 중학교 때의 성적은 어차피 고등학교 내신이나 수능 성적에 전혀 반영되지 않습니다. 사실 시험 한번 망친다고 해서 대학 입학에 영향을 미치지 않는다는 것이죠. 엄마가 먼저 시험 점수가 인생의 전부가 아니라는 점을 상기시켜주세요. 시험은 100점을 맞기 위해 보는 것이 아니라 본인의 실력을 확인하기 위한 과정임을 아이에게 알려주세요,

엄마 중에는 시험을 보기 전까지 아이가 최상의 컨디션에서 공부할 수 있도록 신경을 쓰지만 시험이 끝나면 아이의 성적에만 관심을 갖는 분들도 간혹 있습니다. 시험 보느라 고생한 우리 아이들의 마음을 헤아려주는 것보다 우선해서 말이죠. 아이가 시험에서 좋은 성적을 거두는 것은 중요합니다. 공부한 보람을 느낄 수 있으니까요. 하지만 이번 시험을 망쳤다고 해서 끝이 아니잖아요. 끝까지 아이를 배려해주세요.

다음 표는 시험에 대한 아이의 마음 상태를 알아볼 수 있는 테스트입니다. 12점 이상인 경우, 아이가 시험 준비에 대해 많은 불

안감과 부담을 느끼고 있는 상태일 가능성이 있습니다. 엄마가 불안함을 달래주고 용기와 자신감을 심어주세요.

(그렇다: 2점, 보통이다: 1점, 아니다: 0점)

번호	문항	그렇다	보통이다	아니다
1	시험을 보기 전에 불안하다.	☐	☐	☐
2	시험 공부를 완벽하게 했다는 자신이 없다.	☐	☐	☐
3	시험을 망치는 꿈을 꾼 적이 있다.	☐	☐	☐
4	시험 보는 날은 학교 가기가 싫다.	☐	☐	☐
5	시험 생각을 하면 배가 아프다.	☐	☐	☐
6	시험을 보는 도중에 집중을 못 한 적이 있다.	☐	☐	☐
7	분명히 공부한 부분인데 답을 찾지 못한 적이 있다.	☐	☐	☐
8	시험을 못 보면 엄마에게 혼날까 걱정된다.	☐	☐	☐
9	시험이 끝나는 날만 기다린다.	☐	☐	☐
10	시험 시간에 그냥 엎드려서 잔 적이 있다.	☐	☐	☐
11	시험이 너무 부담된다.	☐	☐	☐
12	걱정하는 마음 때문에 시험 준비가 어렵다.	☐	☐	☐
총점				

엄마의 질문 3 "방학에는요?"

엄마는 사실 방학이 돌아오면 불안해집니다.
이번 방학에는 아이에게 어떤 공부를 하라고 해야 하나,
어떻게 공부하라고 해야 하나 생각이 많아지거든요.
방학을 잘 활용할 수 있는 좋은 방법이 있을까요?

　　자녀의 공부 습관을 파괴하는 아주 나쁜 시기가 있습니다. 바로 '방학'입니다. 학기 중에는 학원을 잘 다니던 친구도 방학만 되면 학원을 가기 싫어하고 공부를 하지 않는 현상이 벌어집니다.

　　방학을 하면 아무래도 아이의 마음이 느슨해집니다. 매일 가던 학교를 가지 않아도 되고 학교 선생님이 눈앞에 있는 것도 아니고 심지어 학원도 방학이 있어서 하루 종일 집에 있는 경우가 생기기도 합니다. 학기 중과는 달리 성적에 반영되는 평가도 없고 자유롭습니다.

　　반면 아이가 방학을 하면 워킹맘은 고민이 생깁니다. 아이를 혼자 집에 두고 놀게만 할 수는 없잖아요. 어쩔 수 없이 학원 뺑뺑이를 시키면서 집에서 쉬지 못하는 아이에게 미안하기도 합니다. 아이의 방학숙제도 확인해주어야 하는데 회사에서 야근을 하고 돌아와서 아이의 공부 진도까지 체크하는 것이 쉽지 않습니다. 오

히려 학교 수업이 없어서 하루 종일 학원 수업을 받기 위해 엄마랑 같이 나가서 비슷한 시간에 집에 오는 아이를 보면 "독후감은 다 썼니? 책은 얼마나 읽었어? 일기는 쓰고 있지?"라며 일일이 물어보기도 미안한 마음이 드는 것이 사실입니다.

방학은 지나고 나면 굉장히 짧게 느껴집니다. 아이가 '이제 공부 좀 해볼까?'라는 생각이 들면 개학이 코앞입니다. 아이에게만 방학이 짧게 느껴지는 것은 아닌 듯합니다. 우리 엄마들에게도 짧게 느껴져요. 아이가 일기랑 독후감을 하나도 작성하지 않은 상태라는 것을 이제야 알았는데 개학은 일주일도 남지 않았습니다. '시간을 좀더 효율적으로 보내도록 신경을 더 썼어야 하는데……'라는 아쉬움이 밀려옵니다.

아이가 학원도 열심히 다니면서 방학을 더 알차게 보낼 수 있는 방법은 없을까요? 방학 기간 동안 무조건적으로 공부를 시키면 아이에게 부담으로 다가올 수밖에 없을 거예요. 방학 동안에는 최소 3주에서 2달의 기간 동안 아이가 공부에 흥미를 잃지 않게 하는 부분이 가장 중요합니다. 그래서 아이의 학습 수준에 따른 '맞춤형 공부'가 필요합니다. 아이에게 어렵지도 쉽지도 않은 내용의 학습을 통해 최적의 공부 방법을 적용시켜 공부 의지를 높여보는 것이죠.

상위권의 방학

　먼저, 기특하게도 공부를 잘하는 아이의 경우입니다. 선행학습이 필요한 친구들입니다. 많은 비용을 들여 지나치게 부담스러운 예습을 진행하는 것은 문제이지만 아이의 좋은 머리를 사용하지 않는 것도 문제입니다. 상위권의 학생은 일정 정도 이상의 자기주도학습 능력을 이미 보유하고 있습니다. 옆에서 엄마가 지나치게 많은 부분을 챙겨줄 필요가 없습니다. 전체 과목별로 보충이 필요한 부분이 없는지 정도만 체크해주면 됩니다.

　국어는 학기 중에 읽지 못했던 책을 마음껏 읽어야 합니다. 다음 학기에 배울 작품이라면 더 좋겠죠. 문제풀이 중심의 공부에서 벗어나 진짜 정독을 하는 겁니다. 영어는 감을 잃지 않도록 '지문해석' 연습을 꾸준히 합니다. 다음 학기 교과서를 먼저 살펴보고 스스로 독해를 해봅니다.

　수학은 상위권을 굳힐 수 있는 기회입니다. 문제별로 개념과 원리를 다시 한번 정리하고 모르는 문제는 바로 선생님에게 질문하는 것보다 데드라인을 정해놓고 해결한다는 마음으로 며칠간의 여유를 두고 해결하는 연습을 반복합니다.

　과학과 사회는 암기 위주의 공부 방식보다 아이가 흥미를 보이는 단원의 관련 도서를 읽거나 또는 유적지나 과학관 방문 등을 통해 실생활과 연계된 경험을 만들어준다면 흥미를 배가시키는 데 도움이 됩니다.

중위권의 방학

아이가 현재 중위권이라면 방학 동안 우선 영어와 수학만 집중해서 공부하는 방법을 추천합니다. 영어와 수학은 기본기가 없으면 성적 향상에 어려움이 있으므로 방학 기간이야말로 상위권 학생들을 따라잡을 수 있는 절호의 기회입니다.

방학 동안에 획기적인 성적 향상을 이루기는 현실적으로 어렵잖아요. 단순하게 하나의 목표만 정해서 달성하는 편이 유리합니다. 영어는 '어휘력 향상'에 초점을 맞춰보세요. 중학교에만 입학해도 아이가 첫 번째로 만나는 장애물이 '단어의 벽'입니다. 초등학교 시절에 보지 못했던 단어가 등장하고 그 수도 많기 때문에 어려움을 느낍니다. 단어를 모른다면 아무리 뛰어난 독해 실력을 가져도 쓸모가 없게 됩니다. 그래서 가급적 많은 단어를 접하고 익힌다면 도움이 됩니다.

단어는 그냥 암기하면 쉽게 잊게 되잖아요. 문장을 외워서 문장 안에서 단어의 쓰임새를 파악해야 합니다. 한번 외워서 평생 기억할 수 있다면 행복한 일이지만 그런 행복은 잘 찾아오지 않죠. 단어 암기장을 만들어서 주기적으로 점검해야 합니다. 그리고 그 단어를 사용하여 문장을 만드는 연습을 통해 단어와 친해지려는 노력이 필요합니다.

수학은 기초 실력 없이 학원 진도를 따라가는 데 급급해서 공부하면 결국엔 포기하기 쉽습니다. 초등학교 때 수학을 못했던 친구가 중학교에 입학해서 갑자기 수학 실력이 성장할 확률은 낮습니다. 수학은 그만큼 처음부터 실력이 뒤처지면 나중에 뒤집기 어려운 과목입니다.

꼭 지난 학기에 배운 내용을 복습하는 시간을 가지세요. 수학은 지금 1페이지의 내용을 모른 상태로 2페이지를 공부하면 결국 다시 1페이지로 돌아와서 내용을 살펴보게 만드는 과목입니다. 지금 눈앞의 점수에 급급하지 마세요. 수학은 당장이 아니라 고등학교를 바라보며 공부해야 합니다. 지금은 조금 더 멀리 내다보며 실력을 탄탄히 하기만 하면 됩니다. 수학 공부 방법은 오히려 다른 과목에 비해 심플합니다. 개념을 익히고 다양한 문제를 해답지를 보지 않고 풀어나가는 연습을 꾸준히 하는 길밖에 없습니다.

하위권의 방학

현재 성적이 하위권인 아이의 경우, 방학을 통해 공부에 대한 흥미와 자신감을 얻을 필요가 있습니다. 안 그래도 공부가 하기 싫은 방학이기 때문에 지금 공부에 대한 흥미를 잃어버리면 공부와 사이가 완전히 멀어질 수도 있습니다. 국어의 경우, 지난 학기 교과서를 다시 복습해보세요.

국어 점수가 낮은 아이는 교과서를 읽어도 백 퍼센트 이해하지 못할 가능성이 있습니다. 일단 교과서 내용 중에 이해할 수 없는 문장을 파악하는 연습이 필요합니다. 모국어라고 해서 어휘 및 독해를 가볍게 여겨서는 안 됩니다. 단순히 점수를 높이기 위해 학원에서 문제풀이에만 집중하면 집을 다 지었어도 기둥이 부실해서 무너질 수 있습니다.

영어는 문법을 다시 한번 살펴봐주세요. 다른 과목은 한국어로 되어 있어서 최소한 읽을 수 있습니다. 하지만 영어는 문장의 구조를 몰라 독해를 할 수 없다면 앞으로 나아갈 방법이 없습니다.

수학은 서점에 가서 아이에게 가장 잘 맞는 참고서를 선택하여 아이의 이해를 돕는 데 활용하세요. 수학 성적이 하위권인 학생은 교과서만으로 문제 풀이를 이해하는 데 어려움이 있을 가능성이 높습니다.

사회와 과학은 지난 학기 동안 배운 내용을 머릿속에서 구조화시키는 과정이 필요합니다. 사회는 주제별로 정리하여 전체적인 흐름을 파악하고 과학은 실험의 이유와 목적 그리고 결과를 정리해보는 시간을 갖는다면 분명 도움이 될 것입니다. 학원의 진도만 정신 없이 따라가면 정작 중요한 부분을 놓칠 수도 있습니다. 지난 학기에 배운 내용의 복습을 소홀히 해서는 안 됩니다.

슬기로운 방학 생활

상위권

선행학습 필요

중위권

영어와 수학에 집중
- **영어** : 어휘력 향상에 초점
- **수학** : 지난 학기 내용 복습

하위권

공부에 대한 흥미와 자신감 갖기
- **국어** : 지난 학기 교과서 복습
- **영어** : 문법 복습
- **수학** : 수준에 맞는 참고서 풀기
- **사회와 과학** : 지난 학기 내용 정리

엄마의 질문 4 "인강 수업 어때요?"

학원을 다니면서 인강 수업도 함께 듣는 것은 어떤가요?
학원을 더 보내기는 비용도 시간도 부담스럽고,
아이의 학습에 뭔가 더 보완이 될 만한 것을
시켜주고 싶기는 하고…… 생각이 오락가락하네요.

학원을 다녀도 성적이 오르지 않으면 이런 질문을 하는 엄마들이 많습니다.

'학원을 다니면서 인강을 병행해서 공부하면 성적이 오를까요?'

결론부터 말씀드리면 쉽지는 않습니다. 아이가 혼자 모니터를 보면서 공부하는 것은 쉽지 않습니다. 어른도 인강으로 공부하기 위해 오랜 시간 앉아 있으면 좀이 쑤시는 걸요.

아이에게 인터넷 강의를 추천하기에는 조금 망설여지는 부분들이 있습니다. '선생님 없이 하는 공부'에 대한 엄마의 불안감이 있기 때문입니다. 충분히 이해가 됩니다. 선생님이 눈앞에 있는 학원에서도 집중하지 않는 아이가 인강으로 자기주도학습을 하기를 바라는 건 욕심인 것 같기도 하고요. 그와는 반대로 과외를 시키면 아무래도 무언가 모를 안도감이 듭니다.

저비용 고효율 인강

하지만 현실적으로 자녀가 둘 이상인 집은 사교육비에 대한 고민이 있습니다. 첫째와 둘째가 3, 4살 터울인 집이 가장 고민이 큽니다. 첫째가 초등학교 고학년으로 올라가면서 둘째가 초등학교에 입학하는 시기가 맞물리기 때문에 부담이 만만치 않습니다. 비싼 사교육에 대한 환상을 갖고 있는 엄마들도 계신데요. 하지만 현실은 고액 과외를 받고도 하위권에서 항상 맴도는 학생이 있는 반면에 학원을 다니지 않고도 충분히 원하는 성적을 얻는 학생도 실제로 있습니다. 사교육비 지출이 많다고 해서 자녀의 성적이 꼭 좋으리란 보장도 없어 보입니다.

집에서 아이와 함께 하는 공부를 생각해보기도 하지만 엄마도 자신이 없고 아이도 탐탁지 않게 여기는 눈치입니다. 대안을 궁리해보면 결국 인강을 떠올립니다. 하지만 마음속으로는 여전히 '정말 인강으로 공부하는 것이 가능할까?' 하는 의심을 합니다. 인강에 대해 반신반의하는 엄마들이 많습니다. 하지만 분명 인강은 매력적인 부분도 있습니다.

우선 믿을 수 있는 회사에서 운영하는 인강들이 많습니다. 콘텐츠의 우수성이 보장되는 것이죠. 만약 아이가 스스로 공부하는 습관이 배어 있다면 자기주도학습도 가능합니다.

또한 '시간 절약'의 장점을 빼놓을 수 없습니다. 필요한 부분만 수강할 수 있습니다. 시간은 공부에서 굉장히 중요한 역할을 차지합니다. 자기가 부족한 부분을 더 많은 시간을 할애해서 공부하는 친구가 높은 성적을 받기 마련입니다. 학원을 오고 가면 소비되는 시간이 많아지잖아요. 학원에서 집에 돌아오자마자 바로 공부를 시작하기도 쉽지 않고요.

심지어 학교에서 배운 내용을 복습하고 싶어도 학원을 여러 군데 다니는 친구는 시간이 없어서 하지 못하는 경우까지 생깁니다. 몸이 힘들어지면 스트레스와 피로가 쌓입니다. 이는 예민함을 불러일으키죠. 인강은 분명 이러한 부분에서 장점이 있습니다.

인강으로 공부하면 학원에서 선생님에게 배울 때보다 아이 스스로 더 열심히 해야 합니다. 앞에서 선생님이 무섭게 노려보고 있지 않기 때문이죠. 그래서 힘이 듭니다. 학원을 다녀서 성적이 오르지 않아 인터넷 강의를 병행한다고 해도 모든 문제가 해결되진 않습니다. 반면에 아이의 의지만 있다면 학원 못지 않은 성과를 거두는 것도 가능합니다. 아이가 할 수 있다는 자신감을 갖고 있어야 해요. 그리고 그 자신감을 초반에 만드는 데 엄마가 충분히 도움을 줄 수 있습니다.

인강의 어려움

인강으로 공부하는 친구들이 가장 하소연을 많이 하는 부분은 크게 3가지입니다.

첫째, 진도가 밀려서 들을 수 없어요.

둘째, 강의를 듣는 동안 집중이 안 돼요.

셋째, 나에게 맞는 선생님 찾기가 어려워요.

하나하나 살펴보도록 하겠습니다.

첫째, 진도가 밀려서 수강에 어려움을 겪는 경우, 아무런 준비 없이 그냥 계속 강의만 듣고 있을 가능성이 높습니다. 시간표를 만들어 계획적으로 공부해야 합니다. 대부분의 학생들은 사실 바로 앞에 선생님이 있어도 수업 준비를 잘 하지 않는 경우가 많습니다. 하물며 인강은 어떠할까요? 인강의 수강 진도율을 100% 기록한다는 건 어쩌면 시험에서 100점 맞는 것보다 더 어려운 일일 수도 있습니다.

이 어려움을 극복하기 위해서는 '계획표'가 필요합니다. 학교 수업 시간표와 연계하여 인강 수강 계획표를 만듭니다. 오늘 학교에서 배운 과목은 당일 복습을 하고 취약 과목을 중심으로 다음날 학교에서 배울 내용을 예습하는 형태로 계획을 짭니다.

학원 수업은 한번 지나가면 다시 그 내용을 들을 수 없습니다. 하지만 인강의 장점 중 하나는 '무한반복'이 가능하다는 점입니다. 대신 이 무한반복의 단점은 특정 과목의 특정 부분에 지나치게 시간을 많이 소비할 수 있다는 것입니다. 그래서 정해진 시간표대로 공부하며 계획표에는 항상 '보충시간'을 별도로 두어 취약 부분을 별도로 예습, 복습할 수 있도록 구성합니다. 암기가 필요한 사회,

과학 과목은 학교에서 수업을 듣고 집에 와서 다시 인강으로 마무리하면 효과가 높으며 이해가 필요한 수학의 경우, 미리 예습을 하고 학교 수업을 들으면 도움을 받을 수 있습니다.

둘째, 강의를 수강하는 동안 도저히 집중을 할 수 없다면 생각의 변화가 필요합니다. 집중은 왜 하지 못할까요? 혹시 드라마나 영화의 예고편을 보고 평소에 그리 관심이 없었던 배우가 주연임에도 불구하고 챙겨본 적이 있나요? 이유가 무엇일까요? 예고편의 내용이 우리의 흥미를 끌었기 때문입니다. 그리고 예고편에서 본 장면이 언제 나오는지, 우리는 더 집중을 하면서 화면을 보게 됩니다.

인강을 들으면서 집중을 하지 못하는 이유가 무엇일까요? 집중을 할 수 있게 만드는 요소가 없기 때문입니다. 아이가 전혀 모르는 내용을 선생님이 설명하고 있다면 집중하여 수강하기 힘들 수밖에 없습니다. 이를 이겨내기 위해서는 미리 예고편을 보듯이 '예습'이 필요합니다.

'예습'의 중요성은 누구나 다 알고 있습니다. 문제는 몰라서 못 하는 것이 아니라 알면서도 안 하는 것이죠. 그래서 예습은 최대한 가볍게 해야 합니다. 예습이 부담되면 그 부담이 복습까지 이어져 결국 인강 수강을 거의 하지 않게 됩니다. 인강을 통한 예습 시간은 과목별 '1시간'을 넘기지 않도록 합니다. 복습은 아는 내용을 다시 한번 보지만 예습은 정말 모르는 내용을 보고 있는 경우도 있습니다. 모른다고 반복하지 말고 짧고 굵게 끝내도록 합니다. 단, 예습을 하면서 모르는 내용은 반드시 '메모'합니다. 메모된 내용이 바로 학교에 가서 집중해서 들어야 하는 부분입니다. 예습은 어차피 내일 학교 가서 들을 내용이기 때문에 복습보다 무시당하는 경우가 많습니다. 그래서 부담되지 않게 천천히 시작해야 합니다.

셋째, 강사를 선택하는 부분에서 어려움을 이야기하는 친구들이 의외로 많습니다. 인강에서는 본인에게 맞는 선생님을 직접 찾으라며 기회를 주지만 오히려 우리 아이들은 갑작스러운 자유에 혼란을 느낍니다. 학원에서는 모든 것을 시키는 대로만 하면 됐는데 이제는 본인에게 선택을 하라고 하니 경험한 적이 없어서 어렵습니다. 차라리 학원처럼 지정이 되어 있으면 덜 복잡할 것 같다는 학생들도 있습니다. 그렇다면 나에게 맞는 인강 선생님은 어떻게 선택해야 할까요?

일단은 무료체험을 먼저 해야 합니다. 그 강사의 수업을 들어봐야 판단의 기준을 세울 수 있습니다. 수업을 듣지도 않고 혼자 고민하는 것은 아무런 대안을 마련해주지 못합니다. 아이 자신도 본인이 개념 설명을 꼼꼼하게 해주는 선생님과 궁합이 맞는지, 어려운 문제를 쉽게 설명해주는 선생님의 수업이 더 귀에 잘 들어오는지 모르는 상태입니다. 그래서 무료체험을 통해 선생님의 수업을 직접 들어봐야 합니다.

그리고 아무리 잘 가르치는 선생님일지라도 본인에게 수업이 너무 지루하다면 걸러야 합니다. 안 그래도 집중해서 수업 듣기가 쉽지 않은 인강입니다. 그런데 선생님의 수업 스타일이 지루하기까지 하다면 내 손으로 직접 사이트에 접속해서 '수강 시작' 버튼을 누를 확률은 지극히 낮아집니다.

또한 '수준 차이'를 객관적으로 봐야 합니다. 선생님별로 특성이 다 다릅니다. 상위권 학생들에게 적합한 선생님이 있는 반면, 하위권 학생들의 성적을 올리는 데 유독 강한 선생님이 있습니다. 그래서 같은 과목의 같은 단원을 가르친다고 하더라도 선생님별로 전부 방식이 다르므로 본인에게 가장 잘 맞는 스타일을 찾아야 합니다. 의외로 선생님의 목소리, 손짓 등이 집중력을 떨어뜨리는 요소가 될 수도 있으므로 수업 내용 외적인 부분도 고려하면서 무료 수업을 수강해야 합니다.

인터넷에서 티셔츠 하나를 살 때보다 자녀의 인터넷 강의 선생님을 선택할 때 시간을 덜 투자하는 어머님들이 있습니다. 온라인 쇼핑할 때와 같은 꼼꼼한 리뷰 확인 및 선생님별 상세 사항만 확인해도 우리 자녀에게 알맞은 강좌를 선택할 확률은 높아집니다.

인강의 장단점	
장점	단점
비용 저렴(학원·과외 대비) 콘텐츠 우수함 시간 절약	진도가 밀림 집중하기 어려움 선생님 선택 어려움

한국은 오랜만이라

선생님 성호 학생, 안녕하세요? 한국 적응은 많이 되었나요?

성호 4년 만에 귀국했더니 사실 아직은 약간 어색해요. 영어를 잘하는 것도 아닌데 한국말도 오랜만이라 아직 입에 붙지 않고요. ㅎㅎ

선생님 그래도 저번에 봤을 때보다 많이 좋아졌네요. 공부는 할 만해요?

성호 아니요, 요즘 좀 힘들어요. 한국은 왜들 다 선행학습을 할까요? 학교 공부만 열심히 하면 되는 게 아니잖아요. 한국 오니까 엄마도 갑자기 공부에 민감해지셨어요. 제가 친구들을 못 따라갈까 봐 걱정이라면서, 학원에 다니면서 선행을 하라고 하신 거예요.

선생님 실제로 성호 군도 친구들보다 뒤처지는 느낌이 있나요?

성호 별로요. 저는 원래 학원도 안 다니려고 했어요. 외국에서 엄마랑 집에서 충분히 공부 잘했거든요. 그런데 여기는 친구들이 모두 학원을 다니니까 저도 다녀야 한다고 생각하세요. 아직 제가 친구도 많지 않으니까 학원 가서 만나라는 뜻도 있고요.

선생님　제일 힘든 부분은 어떤 거예요? 특별히 어려운 과목이 있나요? 영어는 문제없을 거고.

성호　수학이요. ㅎㅎ 공부 잘하는 친구들은 고등학교 수학 문제를 푼다는 이야기도 하더라고요. 그런데 무조건 선행학습을 해야 해요? 하지 않으면 대학교 입학을 할 수가 없나요?

선생님　아니에요. ㅎㅎ 이제 중1인데 선행 때문에 대학교 입학 여부를 따지는 것 자체가 너무 빠르고 사실 웃겨요. 특히 성호 학생은 한동안 한국 초등학교에서 수학을 배우지 않았잖아요. 그래서 선행학습을 하기보다 개념 중심으로 공부를 하면서 응용과 심화 순으로 조금씩 실력을 늘려야 할 것 같아요. 물론 대부분의 학원에서 선행 중심으로 수업을 진행하다 보니 어려운 부분이 있겠지만요.

성호　네, 저도 제가 지금 잘한다는 생각이 들지 않는데 선행학습까지 한다는 부분이 이상하기도 하고 이렇게 공부하는 게 맞나 싶기도 하고 했어요.

선생님　사실 성호 학생의 어머님도 지금 혼란스러울 수 있어요. 성호 학생만 한국에 오랜만에 온 것도 아니고 주변의 친구 자녀를 보면 앞선 진도를 공부하고 있고 이런 부분이 마음을 조급하게 만들죠. 급하게 학원 진도를 따라간다는 생각보다는 본인이 현재 선행이 힘들다는 사실을 알고 있으니 본인에게 맞게끔 공부 플랜을 세우는 편이 좋을 것 같네요.

선생님의 조언
주변 분위기보다 내 아이의 상황이 더 중요합니다

학생마다 처해 있는 상황이 다 다릅니다. 영어를 잘하지만 수학을 못하는 친구들도 있고 수학을 잘하지만 국어 공부를 힘들어하는 친구도 있습니다. 그래서 전 과목에 적용될 수 있는 공부에 대한 정답은 없어 보입니다. 본인에게 가장 알맞은 학습법을 찾아 꾸준히 공부하는 것이 최고의 방법인 것 같아요. 지금 주변에 휩쓸리는 것보다 꾸준히 아이에게 맞는 학습법을 찾는다면 분명 좋은 성과가 있으리라 생각됩니다.

우리 아이는 제대로 공부를 하고 있을까?

학원도 열심히 다니고 집에 와서 복습도 하고 심지어 인강까지 수강하는데도 성적이 오르지 않는 친구들이 있습니다. 무엇이 문제일까요? 아마 비효율적인 학습법으로 공부하고 있을 가능성이 매우 높습니다. 이 세상에 누구에게나 적합한 학습법은 없습니다. 본인에게 맞는 학습법을 찾아 계속 시도하고 수정해야 합니다.

다음의 문항에 대해 테스트를 해보세요.

(그렇다: 2점, 보통이다: 1점, 아니다: 0점)

번호	문항	그렇다	보통이다	아니다
1	우리 아이는 시키지 않아도 복습을 할 수 있다.	☐	☐	☐
2	우리 아이는 틀린 문제는 한번 더 풀어본다.	☐	☐	☐
3	우리 아이는 엄마와 공부에 관한 이야기를 한다.	☐	☐	☐
4	우리 아이는 영어에 대한 거부감이 없다.	☐	☐	☐
5	우리 아이는 내일 배울 내용을 미리 공부하곤 한다.	☐	☐	☐
6	우리 아이는 어려운 문제를 풀어보려 노력한다.	☐	☐	☐
7	우리 아이 노트 필기는 알아볼 수 있는 수준이다.	☐	☐	☐
8	우리 아이에게 학원에서 배운 내용을 물어보면 대답한다.	☐	☐	☐
9	우리 아이는 엄마와 한 약속을 잊지 않는다.	☐	☐	☐
10	우리 아이는 학원 선생님에게 질문을 한다.	☐	☐	☐
11	우리 아이는 엄마와 대화를 할 때, 자신의 주장만 하지 않는다.	☐	☐	☐
12	우리 아이는 시험 이전에 공부를 한다.	☐	☐	☐
13	선생님으로부터 아이에 대한 특별한 단점을 들은 적이 없다.	☐	☐	☐
14	우리 아이의 방은 깔끔하다.	☐	☐	☐
15	우리 아이는 본인의 표현을 글로 나타낼 수 있다.	☐	☐	☐
16	우리 아이는 숙제를 먼저 하고 자유 시간을 갖는다.	☐	☐	☐
17	우리 아이는 예습을 주 2회 이상 한다.	☐	☐	☐
18	우리 아이는 수학 과목을 싫어하는 정도는 아니다.	☐	☐	☐
19	우리 아이는 일상 대화에서 나쁜 단어를 사용하지 않는다.	☐	☐	☐
20	우리 아이는 학원을 다니기 싫다는 말을 한 적이 없다.	☐	☐	☐
총점				

0~8점

아이가 현재, 공부 자체에 관심이 없을 가능성이 큽니다. 억지로 공부를 하고 있기 때문에 학원에 가서도 적극적으로 수업에 참여하지 않습니다. 현재 상태에서는 공부를 해도 성적이 오르지 않기 때문에 본인만의 학습법을 다져나갈 의지도 매우 희박합니다. 우선 공부를 하지 않더라도 책상 앞에 앉아 있는 연습부터 해야 합니다.

9~16점

나름 공부를 하고 있으나 성적은 제자리일 가능성이 큽니다. 학교와 학원을 성실하게 다니고는 있지만 성적을 올릴 수 있는 자신만의 학습법은 갖춰지지 못한 상태입니다. 우선 공부에 대한 자신감이 필요합니다. 잘하는 과목을 중심으로 공부하는 시간을 늘리면서 부족한 과목은 학원을 통해 보충하는 단계를 밟아나가야 합니다.

17~24점

또래 학생들과 비슷하게 공부를 열심히만 하고 있을 가능성이 큽니다. 현 상황에서는 한번 뒤처지기 시작하면 다시 복구하는 데 시간이 오래 걸려 공부에 대한 흥미가 떨어질 가능성이 있습니다. 모르는 부분은 이해하려는 복습 시간의 확보가 중요합니다. 많은 친구들이 공부의 난이도가 올라가면서 흥미를 잃게 되므로 적당한 예습을 통해 다음날 수업은 미리미리 준비하는 자세가 필요합니다.

25~32점 또래 친구들에 비해 효율적으로 공부를 하고 있습니다. 공부하는 방법을 알고 있고 엄마가 옆에서 도움을 주면 성적이 상승할 수 있는 단계로 같은 내용을 배워도 친구들보다 습득 능력이 뛰어납니다. 단, 아직 취약한 과목을 스스로 노력하여 성적을 올리는 방법을 터득하지 못한 상태로 효율적으로 학원의 도움을 받아야 합니다.

33점 이상 지금까지 큰 문제없이 공부하고 있습니다. 현재도 상위권을 유지할 수 있는 자신의 공부 방법을 가지고 있으니 자신의 장점을 극대화시킬 수 있는 목표를 정해서 공부한다면 좋은 결과를 기대해볼 수 있습니다.

선택권은
우리에게 있습니다

한때는 학원만 보내면 알아서 우리 아이의 성적이 오를 것이라고 생각했던 시절도 있었습니다.

'지금 우리 애 성적이 이 모양인 건, 아직 다른 아이들처럼 학원을 다니지 않아서야. 학원만 다녀봐. 우리 애가 성적이 왜 안 올라!'

하지만 이러한 생각에 변화가 생기는 데까지 시간은 그리 오래 걸리지 않습니다. 내 배에서 나온 자식인데도 속마음을 모르겠는 때가 많습니다. 심지어 비싼 돈을 들여 학원을 보냈더니 오늘은 가지 않겠다고 합니다. 이러다 주변 친구들보다 뒤처지는 것은 아닌지, 엄마의 마음은 자꾸만 불안해집니다. 그렇다고 학원을 안 보낼 수도 없고 보낸다고 해도 아이의 성적은 오르지 않고 학원에 보내기 전보다 엄마의 스트레스는 더 심해집니다.

우리 아이 성적에 학원이 물론 중요한 부분을 차지하기는 합니다. 학원을 다니지 않는다면 학교에서 풀지 못한 문제를 마땅히 물어볼 곳이 없기도 하고요. 그리고 엄마가 아이 공부를 일일이 다 봐줄 수도 없잖아요. 아무리 봐주려 한다고 해도 아이가 중학교 정도만 되면 엄마보다 오히려 풀 수 있는 문제가 더 많아지는 것이 현실입니다. 아이가 자기주도 학습을 해준다면 금상첨화지만 그런 것은 드라마에서나 나오는 얘기 같습니다.

아이를 학원을 보내는 시기에는 정답이 없습니다. 필요성이 느껴지는 시기에 보내는 것이 정답입니다. 단 강제로 보내는 것은 안 됩니다. 엄마들이 많이 하는 착각 중에 하나가 '학원을 보내면 학교만 다닐 때보다 공부를 많이 한다.'입니다. 절대 그렇지 않습니다. 아무리 서울대 출신의 박사 선생님에게 수업을 들어도 공부는 결국 학생 스스로 해야 합니다. 그래서 억지로 가서 앉아 있으면 정말 앉아만 있다 오는 결과도 나올 수 있습니다.

학원은 학교처럼 무조건 다녀야 하는 곳이 아닙니다. 따지고 보면 선택권은 우리에게 있습니다. 우리가 조급해하는 모습을 보이면 학원은 그것을 기가 막히게 눈치챕니다. 그래서 더 우리를 유혹하고 달콤한 미끼를 던집니다. 더 객관적으로 생각할 필요가 있습니다. 아무리 주변에 자사고, 특목고를 많이 보낸 학원이 있고 대치동에서 명성을 날리던 선생님이 입성한 학원이 있어도 우리 아이와 맞지 않으면 그만입니다. 그래서 학원을 서칭할 시간에 아이와 대화를 한마디 더 하는 편이 좋은 학원을 선택하는 지름길이 될 수 있습니다. 엄마가 좋다고 생각하는 학원을 아이도 똑같이 좋다고 생각한다는 보장은 없으니까요.

공부는 '본인 스스로' 하는 것이라는 이야기를 하는 엄마도 있습니다. 물론 틀린 말은 아닙니다. 공부를 하는 주체는 분명 아이입니다. 다만 그 공부에 몰입하고 집중할 수 있는 환경을 만드는 데는 분명히 엄마의 책임도 뒤따릅니다. 엄마의 선택으로 인해 본인과 맞지 않는 학원을 다니며 힘들어하는 아이들도 주변에 분명많습니다.

그래서 엄마는 아이가 올바른 선택을 할 수 있도록 명확한 지도를 해야 합니다. 아이가 본인과 다른 의견을 말한다고 해서 무시해서도 안 됩니다. 아이의 선택 역시 존중받아야 하기 때문입니다. 다만 아이가 잘못된 선택을 한다면 부모는 올바른 선택을 할 수 있도록 도와야 합니다. 아이가 살아가면서 올바른 선택을 할 수 있도록 옆에서 지켜봐주는 것이 부모의 책임이자 의무이니까요.

대한민국의 대부분의 학생들은 학원을 다닙니다. 그래서 학원을 다니는 자체를 당연하게 생각하는 부모님들이 많습니다. 하지만 우리 아이는 학원이라는 곳을 처음 가봅니다. 누구나 처음 겪는 일에 대해서는 긴장을 합니다. 아이 혼자 힘들거나 외롭지 않게 도와줄 수 있는 사람은 바로 엄마 아빠입니다.

우리 아이는 왜 학원을 다녀도
성적이 오르지 않을까?

1판 1쇄 인쇄 2019년 12월 10일
1판 1쇄 발행 2019년 12월 17일

지은이 유경준
펴낸곳 도서출판 비엠케이

편집 상현숙
디자인 아르떼203
제작 (주)꽃피는청춘

출판등록 2006년 5월 29일(제313-2006-000117호)
주소 03998 서울시 마포구 성미산로10길 12 화이트빌 1F
전화 (02) 323-4894 **팩스** (070) 4157-4893
이메일 arteahn@naver.com

값은 뒤표지에 있습니다.
ISBN 979-11-89703-05-9 03370

이 도서의 국립중앙도서관 출판예정도서목록(CIP)은 서지정보유통지원시스템 홈페이지(http://seoji.nl.go.kr)와
국가자료종합목록 구축시스템(http://kolis-net.nl.go.kr)에서 이용하실 수 있습니다. (CIP제어번호 : CIP2019047282)